海盗传奇

[英] 乔恩·怀特　编著
孙琳　译

中国画报出版社·北京

图书在版编目（CIP）数据

海盗传奇 / (英) 乔恩 · 怀特编著 ; 孙琳
译. -- 北京 : 中国画报出版社, 2018.11（2019.2重印）
（爱因斯坦讲堂）
书名原文: THE BOOK OF PIRATES
ISBN 978-7-5146-1637-8

Ⅰ. ①海… Ⅱ. ①英… ②孙… Ⅲ. ①海盗－历史－世界－少儿读物 Ⅳ. ①D59-49

中国版本图书馆CIP数据核字(2018)第157445号

北京市版权局著作权合同登记号：图字01-2018-4915

海盗传奇 [英] 乔恩 · 怀特 编著 孙琳 译

出 版 人：于九涛
策划编辑：赵清清
责任编辑：齐丽华
助理编辑：赵清清
装帧设计：詹方圆
责任印制：焦 洋
出版发行：中国画报出版社
（中国北京市海淀区车公庄西路 33 号 邮编：100048）
开　　本：16 开（787mm× 1092mm）
印　　张：13.25
字　　数：180 千字
版　　次：2018年11月第1 版 2019年2月第2次印刷
印　　刷：北京汇瑞嘉合文化发展有限公司
定　　价：68.00元
书　　号：ISBN 978-7-5146-1637-8

总编室兼传真：010-88417359 版权部：010-88417359
发 行 部：010-68469781 010-68414683（传真）

欢迎来到

海盗传奇

在 17、18 世纪，从欧洲或非洲航海至美洲，或在印度和中美洲之间进行贸易往来是很危险的工作。危险不仅限于风暴天气和未知疾病，你还可能会碰见残忍无情的海盗，他们潜伏在海上，贪图着财富和名利。

在这本“海盗之书”中，你将了解到一切关于传说中的海盗黄金时代的历史。你将看到“基德船长”和“黑胡子”爱德华·迪奇的真实故事，他们都是凭借在海上抢劫去积累财富的嗜血海盗。你会看到海盗船上的真实生活，包括船员所担任的不同角色和赃物的分配方式。你还可以对那臭名昭著的“飞天帮”（Flying Gang）一探究竟，这是一个由多个凶狠残暴的海盗船长组成的帮派，他们还在巴哈马群岛的新普罗维登斯岛上建立了海盗据点并经营颇久。书中有大量关于这一历史时期的深度解读和精美插图，如果你想要了解著名的海盗黄金时代，那么本书就是最好的指南。

目录

QUE VNUM
GEN
GAB

海盗的黄金时代

发现嗜血海盗传说背后的真实故事

在 17 世纪，即使是当时最勇敢的水手看到阴森可怖的海盗旗，也会被恐惧紧紧摄住心脏。自人类开始航海以来，海盗就一直存在，但在这一时期，海盗才真正成为海上的霸主。

自从美洲新大陆成为殖民地、黑奴贸易发端以来，海上到处都是载满财货的商船，因此许多人在大洋上开始了他们的犯罪生涯。他们的生活多么“精彩”！早餐来一瓶朗姆酒，夜晚享用一个身材丰腴的乡下姑娘，而从早到晚之间的这段时间，他们就在自己的据点肆意尾随货船、掠夺财物。

这些恶棍的老窝隐藏在加勒比海和印度洋的小岛上，用于对敌人的前哨和商船发动袭击。在这里，海盗可以避开海军的监视，修缮船只。而岛上的酒馆、赌场和妓院给数月漂浮于海上的海盗们提供了消遣的去处。

这些年间，海盗的生活变得越来越轻松，手里的油水也越来越足。水手们都清楚这些强盗对于抢劫轻车熟路，他们有上好的武器，并且不怕死——与他们为敌，胜出的概率微乎其微。敢于站出来应战的船只通常没有好下场，船员们最好的选择就是举起白旗，乖乖投降。

然而，随着海盗问题的滋长，商人群体开始对其严肃对待起来。他们斥资购买武器和装备来保证买卖安全进行。他们的船只通常由“武装民船①”担任领队，获得国王准许，可以攻击任何敌船。长此以往，武装民船和海盗之间的界限也变得愈发模糊。

在那个原住民在自己的家园被大量屠杀或用锁链铐起的世界里，海盗的生活代表着自由和民主。所以也不难理解为什么那么多人都难以抵抗海盗黄金时代的诱惑了。

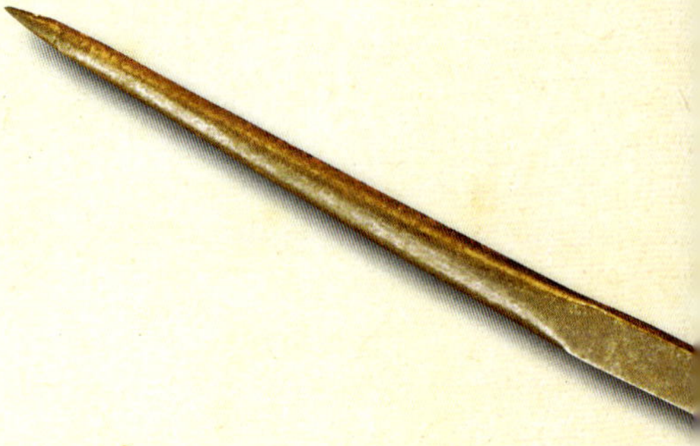

① 又称“私掠船”，是一种获得国家许可，可以武装并且攻击敌国商船的民用船只。

敢于站出来应战的船只通常没有好下场，船员们最好的选择就是举起白旗，乖乖投降。

新世界的赃物

美洲的发现，不仅让经济腾飞，也滋长了一种恐怖统治。

当西班牙航海家克里斯托弗 · 哥伦布朝着自己认为可以去往亚洲的西行航海之路扬帆起航时，谁也不会预料到他没能到达亚洲，却踏进了世界上最富饶的两个大洲。

他从美洲回来时，船上载满了黄金、珍珠和一种叫做“烟草”的奇怪植物，而西班牙和其他欧洲强国对美洲进行疯狂殖民的时代，随即开启。他们迅速开始瓜分这片新大陆，货船一艘一艘地把当地的财宝运走。

殖民者之间开始爆发战争，许多殖民地的新居民和水手对战船上的财物打起了主意。直到 17 世纪 30 年代，布加尼埃海盗一直在加勒比海地区活动，他们当中大多数是被西班牙人驱逐到伊斯帕尼奥拉岛的法国人。他们迁移至托尔图加岛，但这个岛上资源匮乏，难以维持生计。一方面出于报复心理，另一方面为了活下去，这些布加尼埃海盗开始袭击西班牙船只，将它们洗劫得一干二净。

英国、法国和荷兰人乐于看见这样的海盗行为，因为这样能给正在壮大的西班牙以必要的打击。英国人对牙买加的管控也助长了海盗行为，因为当地总督承认海盗行为属于半合法，并且以获得一部分赃物为条件，将牙买加的皇家港口（Port Royal）提供给海盗作为他们的安全据点。

西班牙的衰落使得海盗行为的吸引力也渐渐不如从前，而私掠许可证也越来越难拿到了。布加尼埃海盗需要开辟一个新猎场。很快，这帮没落的海盗听到传闻说满载昂贵丝绸和香料的货船正没有防范地驶经印度洋。1693 年，海盗船长托马斯 · 图（Thomas Tew）决定去搜寻一艘这样的船。他从百慕大群岛（Bermuda）出发，在南非好望角（Cape of Good Hope）转弯，一直沿着西非海岸线航行至红海（the Red Sea），在这里他击倒了一艘从印度前往奥斯曼帝国（Ottoman Empire）的船只。尽管拥有数量庞大的船员，这艘船依然投降了，图的手下一共夺得了价值 10 万英镑的黄金白银，还有象牙、香料、宝石和丝绸。这条路线又被叫做“海盗航线”（the Pirate Round），成为了当时世界上最有利可图的一条航线。

黄金时代的贸易航线

随着欧洲和其殖民地之间的海运繁荣起来，以抢劫为生的海盗也日益猖獗。

海盗亨利·埃弗里（Henry Every）抢劫了一艘印度莫卧儿王朝的商船，船上运载着价值600000英镑的货品

北大西洋

海盗沿加拿大和美国东海岸活动。纽芬兰当时是一个臭名昭著的海盗招募地。

马尼拉大帆船

这些在墨西哥和菲律宾之间航行的西班牙船只为中国明代的香料贸易提供了一条有利可图的航线。

托尔图加岛

法国和英国的布加尼埃海盗将这个岛变成了加勒比海地区的海盗活动中心，在这个岛上他们对西班牙殖民地发动了无数次攻击。

皇家港口

这座牙买加小城里到处都是罪犯，还有上百家妓院和酒馆，海盗们就在这些地方挥霍他们抢来的财物。

皇家港口——一个有名的海盗据点。但它已于1692年毁于一场地震。

值钱的货物

烟草

烟草这类赃物价钱很高——前提是海盗舍得离开它。

黄金

运气极佳的海盗有可能撞见将阿兹特克人的财宝从墨西哥运往西班牙的船只。

奴隶

抓来的奴隶不仅可以拿去卖，也可以拿来换取赎金或将他们吸收成海盗中的一员。

穿越中央航线①（the Middle Passage）的运送奴隶的船只经常成为海盗的目标

班牙财宝船队

海盗最想要的船就是那些载着黄金和白银，从新大陆he New World）前往塞维工②（Seville）的船只。

地中海海盗船

虽然地中海地区的海盗没有那么有名，而且他们的形象被浪漫化了，但其实这些巴巴里（Barbary）地区的海盗与加勒比地区的海盗不相上下，甚至人数更多。

中国海盗

郑石氏（Ching Shih）掌控者一只好几百艘海盗船组成的海盗队伍，名为“红旗帮”（the Red Flag Fleet），威胁着广东省海岸线的安全。

央航线

这是最繁忙的航线之一，这条线上的船频繁遭受海盗攻击，后的目的是抢夺还未售卖的奴隶。

葡属印度舰队

这条航线连接着葡萄牙和印度，主要运送香料和丝绸。

马达加斯加

这里是最早的海盗据点之一。海盗们在这里攻击为莫卧儿王朝运送黄金的船只。

海盗航线

布加尼埃海盗又被叫做“巡视者”（Roundsmen），他们在这条航线上出没，搜寻在英国和印度之间往来的东印度公司（East India Company）的船只。

① 旧时自西非海岸至西印度群岛或美洲的大西洋中央航线，用于贩卖黑奴。——译者注
② 西班牙地名。——译者注

海盗的诱惑

在海盗的黄金时代，土匪和布加尼埃海盗掌握着海上霸权。

对许多人来说，当海盗是他们唯一能挣钱和生存的方式。

从 17 世纪晚期到 18 世纪早期，大量值钱的货物在大西洋两岸之间来回运送，一部分被运往美洲的殖民地，一部分又从殖民地被运走，导致一些老练的水手和航海员肆无忌惮地造反，偷走船上的货物，谋取私利。他们抢劫的货物各种各样，数量或多或少，既有装满金银珠宝的财宝箱，又有烟草、粮食和军火，还有一桶桶的红酒或白兰地。其中许多货物，如咖啡、糖和布料，需求量高，可以大量售卖。除了珍稀的宝石外，海盗们抢来的货物里还有许多实用的东西，例如武器和船舶装备、食物和饮料。对许多人来说，当海盗是他们唯一能挣钱和生存的方式，当海盗成为了一种谋生之道，也就成为了一种他们主动选择的生活状态。

对另一些人来说，当海盗并非是一种选择。通常，船只在航行的过程中被截下，船上的船员被迫为新船长服务，尤其是那些经验丰富或者有一技之长的海员，如医生、厨师、木匠等。叛乱，也是某些人成为海盗的一个重要因素。有许多船员对他们生活和工作的现状不满，但又不得不依赖于他们的上级、依靠在船上的工作来维持生计。如果船员们能团结起来发动叛乱，他们就可以占领这艘船，而占领的方式通常是推翻船上的首领，让船只驶离既定的航线。

18 世纪初西班牙王位继承战争末期，几千名被征召入海军的男性很快又被解散，其中一些有经验的水手加入了反叛者的队伍，以此谋生。相似的是，1856 年，大部分国家签署了《巴黎宣言》（*the Declaration of Paris*），废除了对私掠船的许可。在签署该协议之前，多国政府都为自己的海军提供私掠许可证，即一种允许攻击和截获敌方船只的许可证，将抢劫合法化了。协议签署后，海战不再合法，政府不再需要私掠船，因而许多私掠船船员为了避免失业，不得不当起了海盗。

所有海盗成员，不论男女，一律平等，没有谁比谁高一等。他们选举自己的船长，选择他们拥护的人来领导他们，每个人都要签署协议书，确保任何一笔赃物都会均分。海盗游离在官方法律之外，有自己的一套规则，导致政府很难掌控他们。对那些没钱、没有未来，几乎无法跨越社会阶级的人来说，成为海盗代表着一种独立的生活方式，这样的生活使他们有机会获得个人财富。成为一名海盗，甚至仅仅是这个念头，都给他们一种希望和机会，代表着一次冒险，能让他们远离岸上的世俗生活。航海本身就是一次旅行和探险的机会，而且海盗的人数越来越多，足迹遍布世界，从众人皆知的加勒比地区到非洲的象牙海岸。

一次次的抢劫成功后，随之而来的是财富，再来就是快乐。如果一切顺利，一次抢劫就有可能让一名海盗挣到之前半辈子都挣不到的钱，而且他们不需要将任何收入上交政府。牙买加的皇家海岸，以享乐主义和纵情声色而闻名于 17 世纪，它还只是众多同类城市中的一个。在这个海盗的乌托邦，他们可以尽情地酗酒和嫖赌。尽管大多数时候，他们一挣到钱就花光了，这里还是长年挤满了海盗。

不管怎样，当海盗意味着过上自由的生活，意味着一个人可以自立规矩，自力更生。以抢劫、探险、做逍遥法外的事为主的生活，在当时吸引了许多人，即使海盗的黄金时代已经过去了好几个世纪也依然如此。现在许多关于财宝和探险的惊奇刺激的故事在大众文化中依然流传很广。

兄弟们，干了这杯酒！

硬饼干

硬饼干又叫压缩饼干，是水手们平日的主食之一。这种口味单一的原味饼干由小麦粉和水制成，食材便宜，可长期保存，很适合作为长途航海的食物。

腌牛肉

腌牛肉也是海盗船上主要的口粮。和硬饼干类似，腌牛肉也易于保存，适合长途旅行。如果可以的话，船员会把船上所有的肉都晾干或腌制，保存在木桶里，以延长保质期。

大杂烩（Salmagundi）

这个名词起源于法语词“salmigondis”，意思是一堆混在一起的东西。这种沙拉里面主要有肉、鱼以及蔬菜。船上的厨师经常用香草和香料来掩盖已经不新鲜的肉味。

朗姆酒（Rum）

朗姆酒可能是与海盗关系最密切的一种酒了，比起其他酒类，朗姆酒更便宜，更容易买到，也更容易储存。18 世纪中期，在兑水的朗姆酒里加柑橘被证实能有效防止坏血病发作。

海盗陈列室

这些臭名昭著的海盗代表了一个反抗、独立和冒险的时代。

爱德华·蒂奇（Edward Teach）

黑胡子

国籍： 英格兰

生于： 约 1680 年

死于： 1718 年

蒂奇更广为人知的名字是“黑胡子”，他是现如今大众文化中最有名的海盗之一，尽管他并没有像同时期其他一些海盗那么成功。最初，他在海盗本杰明·霍尼戈尔德手下工作，后来在巅峰时期，掌管 4 艘海盗船以及一支约 300 人的海盗队伍，截获了 40 多条来往于加勒比海的商船。最终，他在自己的窝点奥克拉科克岛（Ocracoke Island）被抓获，根据罗伯特·梅纳德[1]（Robert Maynard）的命令，他被英国皇家海军处死。

长久以来，蒂奇都是霍尼戈尔德船上的大副，但没过多久，他这个徒弟的能力和成就就远远超过了师父。

巴沙洛缪·罗伯茨（Bartholomew Roberts）

国籍： 威尔士

生于： 1682 年　**死于：** 1722 年

巴沙洛缪·罗伯茨本名约翰·罗伯茨（John Roberts），死后，他又得一绰号“黑巴特”（Black Bart）。在罗伯茨生活的年代，他是最成功的海盗之一。他最初是被征召进来，在船长豪厄尔·戴维斯（Howell Davis）手下做事，但因为有出色的航海技术，他迅速往上爬，很快就把海盗事业做得风生水起，在一生中共抢劫了超过 400 艘船。他是一个英勇无畏、极具个人魅力的人，死于与私掠船船长查洛纳·奥格尔（Chaloner Ogle）的战斗中。伴随着他的死亡，海盗黄金时代也迎来了大高潮。自此，再没有人与他比肩。

① 罗伯特·梅纳德（1684-1751），英国皇家海军上尉，最有名的事迹是在对战中击败了海盗“黑胡子”。——译者注

基德死后不久，有人创作并出版了一首名为《基德船长告别大海》的船夫号子，痛斥对基德船长的审判。

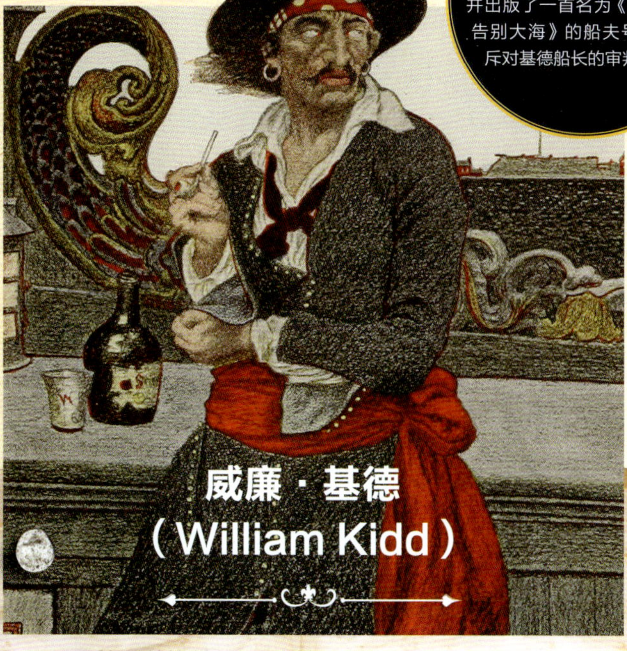

威廉·基德
（William Kidd）

国籍： 苏格兰

生于： 1645 年　**死于：** 1701 年

基德最初开始他的航海生涯时，是一名私掠船船长，受雇于政府，专门铲除海盗。但他被迫加入了海盗这个行当，因为他的手下造反并选举他为他们的海盗船长。当他截获“奎达商人号”（Quedagh Merchant）这条载满东印度群岛货品的美国船只时，他受到通缉，英国皇家海军开始搜捕他。17 世纪与 18 世纪之交，他在纽约被逮捕，被遣送回英格兰接受审判。他最终被判有罪，尽管他当初并非自愿做海盗头目，还是被实行了绞刑。

温在西班牙王位继承战争后期开始了他的海盗生涯

埃马纽埃尔·温
（Emanuel Wynn）

国籍： 法国

生于： 1650 年　**死于：** 不明

关于温，人们知道的并不多，但一般认为他是第一个使用骷髅旗帜的布加尼埃海盗。他的骷髅旗帜只有黑白两色，上面是一个背后垫着交叉腿骨的骷髅头，下面印着线条简单的沙漏，这两种图案都成了海盗中最常用的标志。据说，他的海盗生涯开始于 17 世纪末，那时他开始抢劫驶离美洲海岸的船只。

玛丽·里德
（Mary Read）

国籍： 英格兰

生于： 约 1685 年　**死于：** 1721 年

里德是一名船长的女儿，起初她女扮男装在船上工作，大约在西班牙王位继承战争时期加入皇家海军，骁勇作战。最后，她加入了海盗莱克汉姆和波尼的队伍，并与这两人一直合作，直到他们在西印度群岛海岸被抓获。她最终死于牢狱，死时还怀有身孕。

黑凯撒
（Black Caesar）

国籍：非洲

生于：未知　**死于：**1718 年

“黑凯撒”是海盗黄金时代活跃时间最长的一名船长，他的长寿也是他在海上获得平等社会地位的关键因素。开始航海之前，他是一个部落里有名的战争首领，后来变成海盗船长，仅仅是因为俘虏他的那一群船员死于一场飓风，于是他叛乱了。他最后加入了黑胡子的团队，随着黑胡子被捕获，他也接受了审判并和其他成员一起被处以绞刑。

如果贝勒米抢得财货的数量没有这么庞大，他可能还会活得久些。他的船由于承载了太多的财宝，沉重无比，行驶时都能掀起巨浪。

山谬·贝勒米
（Samuel Bellamy）

国籍：英格兰

生于：1689 年　**死于：**1717 年

贝勒米也被称为“黑山姆”（Black Sam），他主要在西印度群岛地区活动了一年多。很多人说他是这一时期最成功的海盗，他截获了超过 50 艘船，夺得的财宝估计价值超过 1.3 亿美元。他因善于攻击敌船、将货物损失降到最低而出名。最后打败他的是一场风暴，他和大多数手下都因这场风暴而沉入海底。

霍尼戈尔德和他的手下曾有一次登上一艘船，什么都没偷，却只偷了船上的帽子，因为他们前一天晚上喝得酩酊大醉，把自己的帽子扔了。

国籍：英格兰

生于：约 1680 年　**死于：**1719 年

当了三年海盗之后，霍尼戈尔德接受了 1718 年的国王特赦，也接受了要求他停止海盗行为，成为一名正直的人，并且帮助追捕其他海盗的条件。在他改过自新之前，他参与成立了海盗共和国（the Republic of Pirates），一个位于巴哈马首都拿骚（Nassau）的海盗据点，但后来因为他背叛了之前的朋友，并且开始追捕海盗，便很快就出名了。他的船在一次飓风中失事，他也因此丧命。

安妮·波尼
（Anne Bonny）

国籍： 爱尔兰

生于： 约 1702 年　**死于：** 约 1782 年

尽管她从未真正当过船长，但波尼可能是这一时期最著名的女海盗了。她嫁给了贫穷但又梦想着冒险的水手詹姆斯·波尼（James Bonny）。当她到达巴哈马群岛时，她遇到了海盗船长杰克·莱克汉姆（Jack Rackham），并与之产生了婚外情。她加入了杰克的团队，与船上的男人以及女海盗玛丽·里德一同作战。波尼因骁勇善战而闻名，尽管是一名女性，但很受尊敬。被抓获和处刑时，她声称自己怀有身孕，因此被发往监狱。而她的死亡时间和情况就不得而知了。

波尼最为人所知的就是她一头耀眼的红发和与之匹配的火爆脾气

范恩是个野蛮的海盗，他对俘虏的海员非常残忍

除了对敌人残酷，范恩对自己的手下也很冷酷无情。他几乎不遵循海盗的规矩，经常从自己的手下那儿偷东西。

查尔斯·范恩
（Charles Vane）

国籍： 英格兰

生于： 约 1680 年　**死于：** 1721 年

范恩主要在 1717 到 1719 年之间活动，也就是西班牙王位继承战争后期，同期还有爱德华·蒂奇和巴沙洛缪·罗伯茨。和很多人一样，他是一名能干的水手，过去也当过私掠船船长，很可能是在战争之后，为了躲避失业的风险应召加入海盗队伍的。虽然他并没有特别成功或富有，但他因天性粗犷勇猛，热爱海盗的生活而为人所知。一次船只失事后，他被逮捕并审判，一年多后被处决。他在皇家港口被处以绞刑，尸体被挂在绞刑架上以警示众人。

本杰明·霍尼戈尔德
Benjamin Hornigold）

海盗船的构造

船是海盗最重要的东西，不仅是交通工具，更是自由生活的保障。

海盗船最重要、最实用的一项功能就是航海，而对于船员来说，它的意义不止于此。在很多海盗眼中，这就是他们的家。海盗一连数月甚至数年都在船上工作和生活，所以海盗船要尽可能装备齐全，才能装载所有必要的供给、货物，以及长途旅行时需要的其他设备，也能经受住恶劣天气的考验。

每一种海盗船都各有特色，可以用于不同场合。例如，双桅横帆船在海盗的黄金时期就比其他的船受欢迎，因为它速度快，容易驾驶，但在狂风天气时不太好操控。中型快速帆船也是一种比较受欢迎的战船。这种船专用于战斗，有不同的尺寸，但一般比双桅横帆船大，甲板上可装加农炮，这在激战中能发挥很大作用。

一般来说，船越大，速度越慢，能够承载越多的人和物，特别是沉重的货物。因此海盗船通常是成队出现，队首是一艘体型小、速度快的船，最先接近敌船，后面跟着一艘更大、更重、装备更齐全的船，进行攻击。这是一种很聪敏的策略，不过很多商船一看到海盗就立马投降了，避免海上战斗。

“冒险帆船号”（Adventure Galley）就是这样一艘臭名昭著的海盗船。从威廉·基德还是个私掠船船长开始到 17 世纪末，他一直担任这艘船的船长。这艘船本身就混合了多种设计，既有横帆，又有桨，这在当时是一种罕见的组合。它最初是一艘中型快速帆船，后来被改装成了战船，目的是要让它无论在暴风天还是好天气里都易于操控，并且提升行驶速度。

这艘船投入使用两年后，基德就成为海盗的一员，他用这艘船截获了两艘印度船只。不过尽管船的设计新颖，不久后船就开始出现老化，船体逐渐腐蚀、漏水。根据基德和他手下的描述，这艘船最终于 1698 年在马达加斯加海岸沉没，使用寿命三年。海盗们很快就登上了最近截获的新船——奎达商人号。直到今天，冒险帆船号的残骸也没被找到。

瞭望台

早期海盗船的瞭望台只是绑在主桅上的一个篮子或者桶。瞭望台主要用于眺望、放哨。

帆

冒险帆船号结合了帆和桨的独特设计，使它能逆风航行并且在平静天气里加速行驶。它在帆动力下能达到每小时 14 海里，而在桨动力下能达到每小时 3 海里①。

船首斜桅

船首斜桅是一根倾斜的桅杆，杆身向船外倾斜。根据船的尺寸不同，船首斜桅也具有不同尺寸。船首斜桅用来固定前桅的缆索。

枪炮

冒险帆船号总重量达 284 吨，其中包括 34 架加农炮、23 只桨以及 3 根桅杆。这艘巨大的战船需要一百多名船员来驾驶它。

锚

船锚的大小视船只大小而定，而通常锚可以重达 1000 千克，这意味着就算是把它举起来也需要很多船员费很久的工夫才能办到。

船舱

船舱又叫货舱，位于甲板下方，通常靠近船体，用于在旅途中存放货物。

① 1 海里约等于 1.85 千米。

像海盗一样战斗

几个世纪以来，海盗使用了各种各样的武器，每种武器的功能不同，使用范围各异。

海盗们在登陆或攻击一艘敌船的时候，通常是赤手空拳，近身作战，因此会使用很多小型的武器，例如斧子、弯刀和匕首，除此之外，还会用上手头能用的任何东西。在所有弹药和军火都用完后，这些临时派上用场的武器尤其有用，而且为了获得或控制这艘船，海盗们需要一直战斗。

手持武器不受天气条件的限制，而火药一到下雨天就毫无用处，而且在攻击敌人的时候，手持武器的杀伤力更容易控制。这在强行登陆的时候尤其重要，因为海盗需要控制船只，招收对方船员，不能造成不必要的伤害或损失。

轻巧的弯刀是海盗在黄金时期常用的武器，尤其是布加尼埃海盗经常使用。弯刀在近身作战时非常实用，使用方法也很简单，比长剑更好操控。除了在战斗中，平日在甲板上，弯刀也非常有用，能用来割断绳索、木头和帆布。

还有些武器既能用于防御，也能用于攻击。圆盾是17世纪初常被用到的一种武器。虽然圆盾比较小，也不锋利，但可以拿来防御和攻击，还可以阻隔敌人行动。

枪常常是海盗的第一选择。枪有多种尺寸和射程，可以在许多情境和不同种类的攻击中发挥作用。比如在强行登船之前，海盗会登上缆索高处，用一把长杆步枪（例如滑膛枪），对准敌人。这通常是狙击手的工作。狙击手善于远距离精准射击，尽可能不浪费子弹。

包括手枪在内的小型武器，在近身作战时最有用，例如在敌船上战斗时，空间狭窄，手枪更容易操控，也不需要瞄得很准。相比大型枪，手枪

轻巧的弯刀是布加尼埃海盗经常使用的武器。

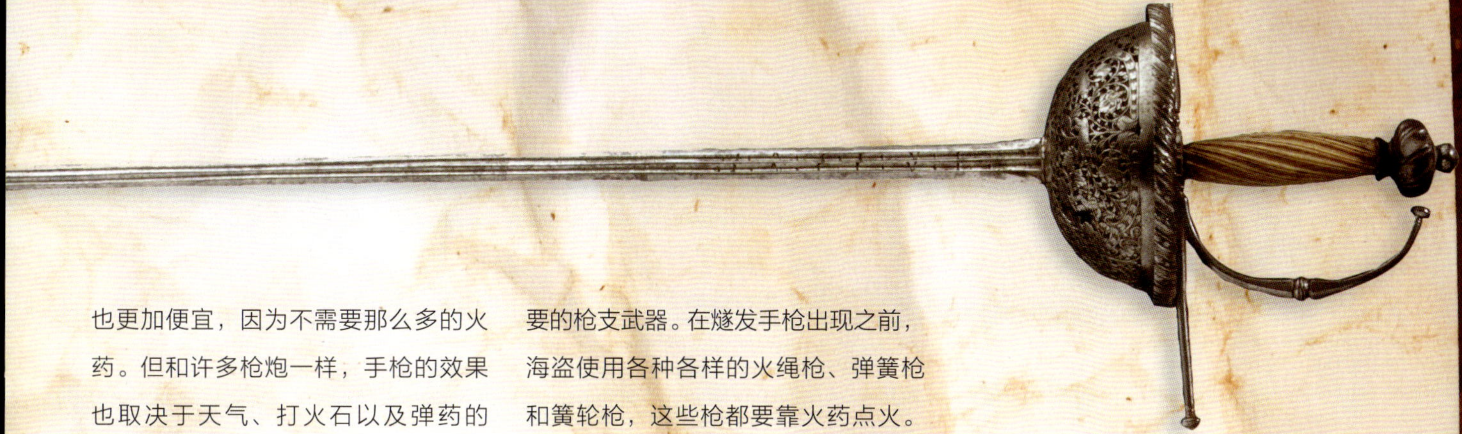

也更加便宜，因为不需要那么多的火药。但和许多枪炮一样，手枪的效果也取决于天气、打火石以及弹药的火力。

17 世纪早期开始出现的燧发手枪成为了海上战斗的一项历史性革新，自此后的几百年里，它都是海盗最主要的枪支武器。在燧发手枪出现之前，海盗使用各种各样的火绳枪、弹簧枪和簧轮枪，这些枪都要靠火药点火。然而各个国家生产的枪口径不同，这意味着抢来的子弹要先经过融化和重铸才能与自己的枪契合。这项工作十分费时费力，有时还不一定能成功。

斯帕德隆剑（Spadroon）

斯帕德隆剑十分轻巧，通常只有一边刀刃，靠近刀尖处有假刃。18 世纪末期，直刃刀因能快速切割和穿刺而被广泛使用。

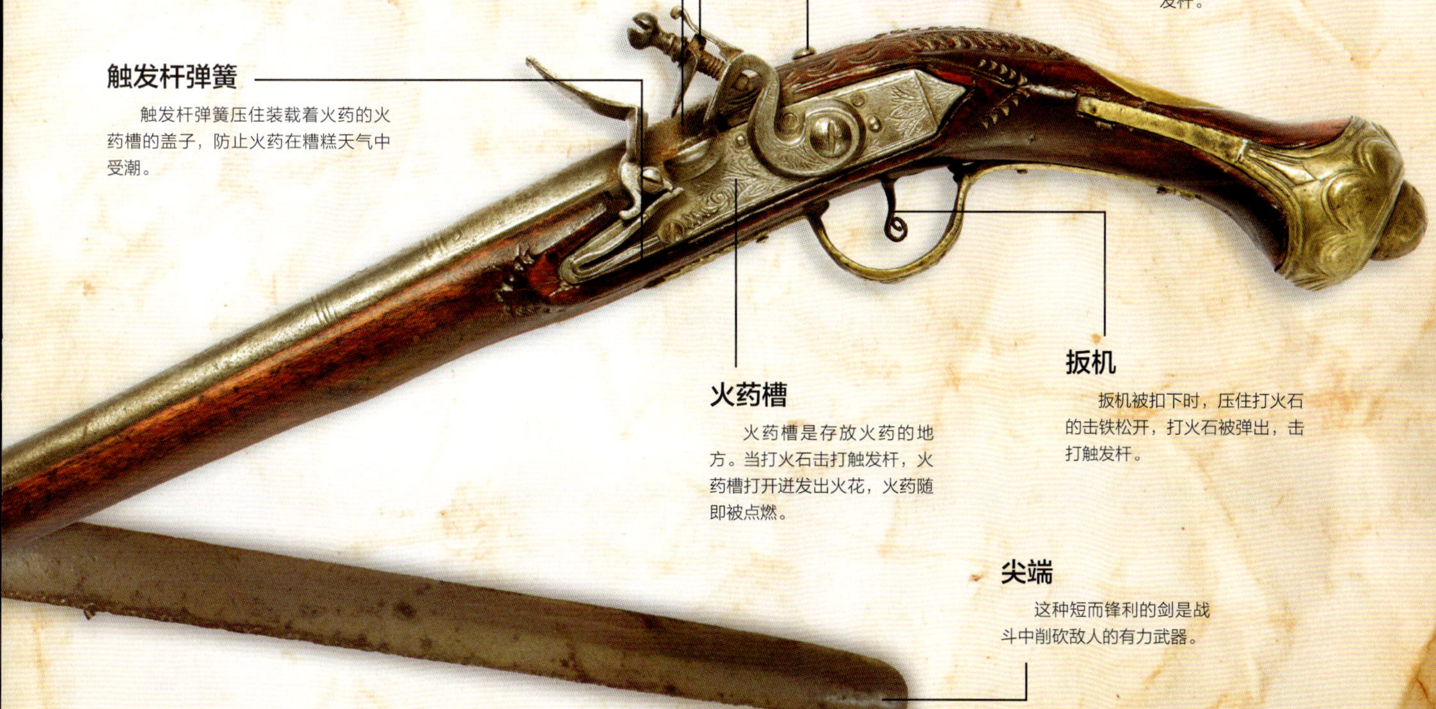

触发杆

触发杆就是打火石击打的那块钢铁。触发杆与打火石的接触产生火花，火花点燃火药。

夹片

夹片将打火石夹紧固定，保证它能有力地击打到触发杆，产生火花。

触发杆弹簧

触发杆弹簧压住装载着火药的火药槽的盖子，防止火药在糟糕天气中受潮。

击锤

击锤是一种手枪部件，用于推动打火石向前打击触发杆。

火药槽

火药槽是存放火药的地方。当打火石击打触发杆，火药槽打开迸发出火花，火药随即被点燃。

扳机

扳机被扣下时，压住打火石的击铁松开，打火石被弹出，击打触发杆。

尖端

这种短而锋利的剑是战斗中削砍敌人的有力武器。

喇叭型前膛枪

喇叭型前膛枪是手枪的一种，但外观更像步枪。它的枪杆较宽，可以一次性发射多颗子弹，但它比较笨重，适用范围不广，只有在近距离时才能较准地射击。

爪钩

爪钩又叫登船钩，通常要系上一根长绳，再把它抛向远处，钩住目标。爪钩最常被用于在战斗中拉住敌船。

短剑

短剑是一种特制的匕首，在攻击中经常被用来投掷。短剑体积小、重量轻，便于携带，还能用来切割绳索、帆布和食物，非常实用。

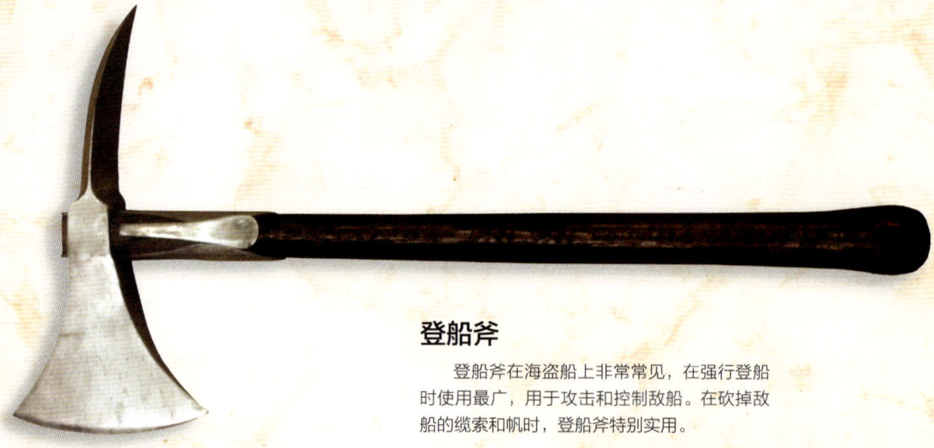

登船斧

登船斧在海盗船上非常常见，在强行登船时使用最广，用于攻击和控制敌船。在砍掉敌船的缆索和帆时，登船斧特别实用。

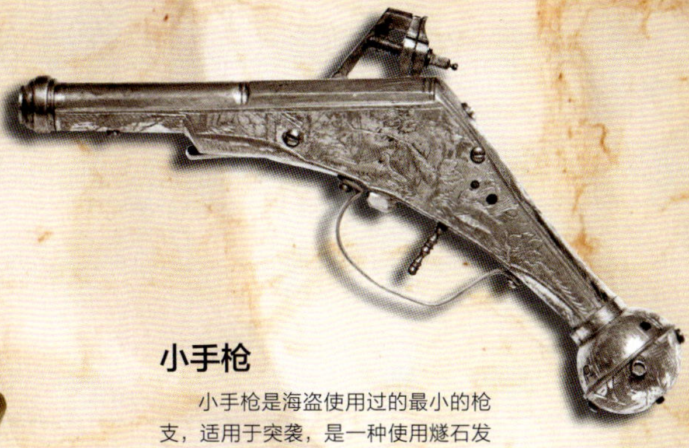

小手枪

小手枪是海盗使用过的最小的枪支，适用于突袭，是一种使用燧石发火装置的单发枪。

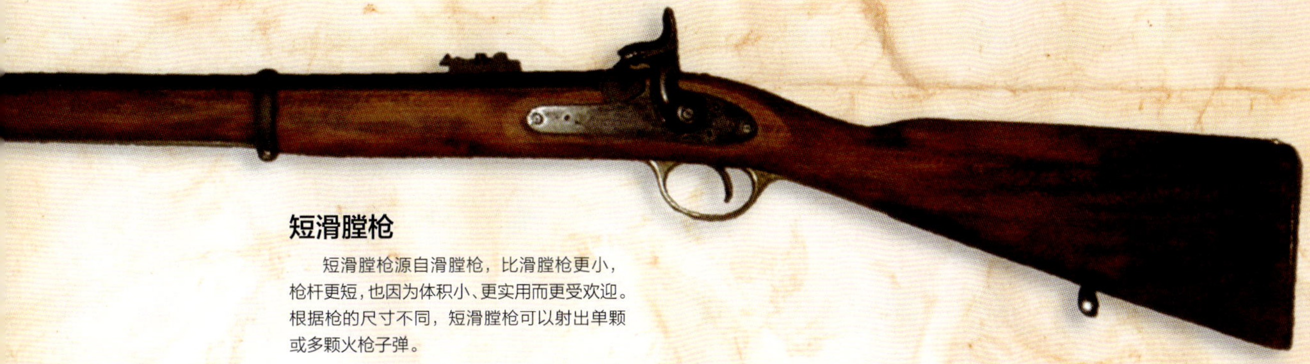

短滑膛枪

短滑膛枪源自滑膛枪，比滑膛枪更小，枪杆更短，也因为体积小、更实用而更受欢迎。根据枪的尺寸不同，短滑膛枪可以射出单颗或多颗火枪子弹。

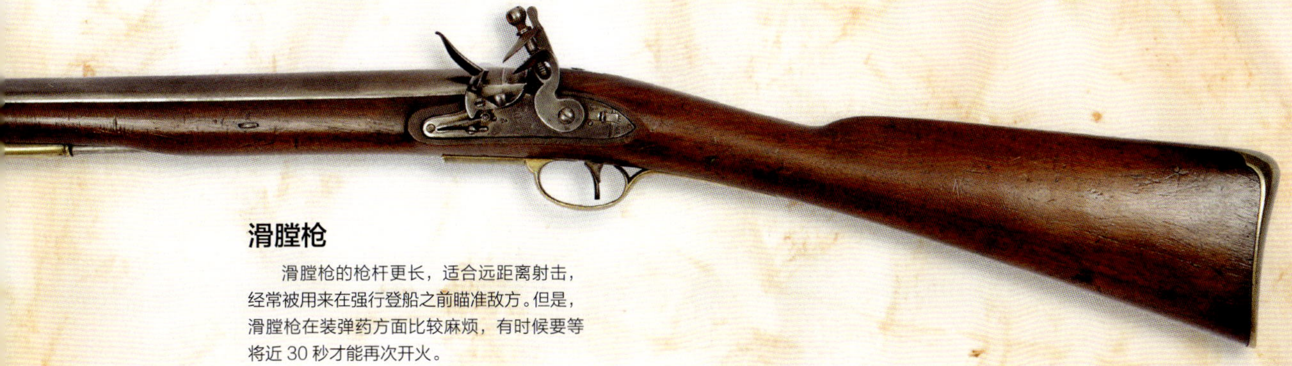

滑膛枪

滑膛枪的枪杆更长，适合远距离射击，经常被用来在强行登船之前瞄准敌方。但是，滑膛枪在装弹药方面比较麻烦，有时候要等将近 30 秒才能再次开火。

海盗守则

当海盗并不总意味着肆无忌惮地洗劫抢掠，
海盗也需要遵从一些守则。

一般来说，海盗守则就是出海前，船长和船员共同制定的行为准则。所有准备出海的海盗都要宣誓，并且要签订协议，证明该海盗正式“就职”。协议中的条款明确规定了允许和禁止做的事，并且具有恰当的惩罚或补偿条款。通常在一次出海归来后，海盗守则中所有的条款都会被销毁，以免被人发现，成为日后审判中证明他们从事了非法勾当的证据。

对于偷窃、中途逃脱或私藏秘密等严重的不端行为，处罚方式是流放甚至处死。但是对触犯宵禁、酗酒、在船上赌博等行为的处罚规定却不那么严厉。如果某人在战斗中负伤，根据海盗守则还可以得到补偿，数目多少视受伤的严重程度而定，如失去四肢的人可以得到好几百块白银。

海盗守则中还规定了一次成功抢劫后每个人可以分得多少钱，通常是根据该人在船上的等级决定的。一般船长可以分得五到六成；级别高的人，例如舵手，可以分得两成；普通船员分得一成；而级别较低的船员，例如打杂工，则分得半成。如果在这方面起了纷争，决定权永远在船长，但如果其他船员的权利被剥夺或忽视，他们也可以发动叛乱，推翻船长的位置。

巴沙洛缪·罗伯茨是18世纪早期臭名昭著的布加尼埃海盗。他经常强迫俘虏加入海盗团伙，签订海盗守则。在某种意义上，签订了海盗守则就等于给自己判了死刑，海盗守则意味着要忍受艰苦的海上生活，遵守船上严格的等级制度。由于过早丧命，罗伯茨自己的海盗守则保存了下来，后来在法庭上被当作其海盗行为的证据。

对于严重的不端行为，处罚方式是流放甚至处死。

偷抢来的物品根据等级在成员之间分配

亨利·摩根的条款

亨利·摩根和其手下制定的条款至今仍然存在

I. 本条款中所有酬劳都来自于远征时所获，对所积存的酬劳的处理遵循其他海盗也遵循的同一法则，即不劳不获。

II. 提供给船长的补贴用于支付其船只的使用开支，以及用于给负责修理、驾驶、操纵该船只的木匠和造船工人支付工资，通常是 150 个西班牙银圆。船上开支和储备食物的总数是确定的，通常是 200 西班牙银圆。船上医生也会得到一定补贴，通常是 250 银圆。

III. 受伤和残疾的海盗会得到统一的补偿。“他们要求，失去一条右臂的，得到 600 西班牙银圆或 6 名奴隶的补偿；失去一条左臂的，获得 500 西班牙银圆或 5 名奴隶的补偿；失去一条右腿的，获得 500 西班牙银圆或 5 名奴隶的补偿；失去一条左腿的，获得 400 西班牙银圆或 4 名奴隶的补偿；失去一只眼睛的，获得 100 西班牙银圆或 1 名奴隶的补偿；失去一根手指的，与失去一只眼睛得到的补偿相同。”

IV. 赃物的分配遵循以下原则：船长或总指挥可分得普通船员收入的五至六倍；大副可分得两倍；高级船员与其手下分得的份额相当。最高和最低级的船员都拿到自己应得的酬劳后，也不应忽视打杂工。即使他们只能分得半份酬劳，那也是因为在占领富裕的敌船时，他们完成了点火烧船的职责，却在抢来的财产面前退居一边。

V. 窃取和侵占赃物的行为是受到严厉禁止的，他们对自己要求尤为严格。是的，海盗们彼此立下誓言，即使是赃物中最微不足道的东西，也绝不席卷或藏匿。如果有人违背了誓言，欺骗了众人，他会立即被驱逐出团队。

所有的海盗在正式加入团队之前都会签订海盗守则

船上各人的职责

海盗新人的“认人”指南

海盗船长由众人推举产生，也可以通过少数服从多数的公投被罢免。船长应该具有英勇无畏的品质和高强的战斗能力。

舵手相当于地位次于船长的副指挥官，有权惩罚犯下轻罪的人。舵手也负责管理账簿，维持秩序。

领航员主要负责航海事务，按要求调整航线，看管所有重要地图。

主炮手负责管理船上的枪支弹药，包括维持火药干燥，确保所有枪支处于良好状态。

一艘大船上通常不止一名大副。大副一般相当于船上的学徒，负责收船锚，确保船上索具供应充足。

索具工负责操控索具以及打开和放帆。索具工这种工作比较危险，因为干活时可能从高处掉落。

木工负责维修船只，听从水手长的命令。他们修理桅杆和帆桁，定期检查船体，确保船身不漏水。

水手长负责监管船只的修缮工作，每日检查船的各个结构、帆以及索具，还有甲板上的所有活动，包括抛锚。

一级水手一般有航海经验，懂得观察天气、掌舵和导航，并能操纵船上的设施。

杂务工一般是年轻男孩，在船上担任仆人的工作。他们之中有些是被绑架到船上来的，有的是主动加入的流浪儿。

海盗和私掠船船员

担负着维持海上安全重任的私掠船船员，却往往变得和海盗一样残忍。

商船对海盗来说是诱人的目标。英国人首先委托私掠船保护他们的货物，并且在运输途中，允许私掠船攻击任何存在威胁的船只。私掠船船员没有工资一说，而是从攻击的船只上获取的财物中获得一定份额的报酬，因此海盗和私掠船之间的界限是非常模糊的。

从表面上看，这两种行业的区别很简单。海盗是单独行动的罪犯，而私掠船船员在国王的指令下行事。伊丽莎白一世[①]允许私掠船攻击西班牙船只，以这种方式，她既可以避免直接干涉，还能从中获利。她的私掠船船员，人称“海上猎犬”，包括弗朗西斯·德雷克（Francis Drake）和沃尔特·雷利（Walter Raleigh）。但西班牙却只把他们看作是官方资助的海盗罢了。很多船长和船员在私掠船船员和海盗两种身份之间游走，这具体取决于国家之间的关系处于何种状态。

许多私掠船船长都被授予过爵位，但某些人就不这么幸运了。1701年，威廉·基德因海盗行径被处以绞刑。多年前，他曾受政府委托出海镇压印度洋海域的海盗。在那里，像许多私掠船船长一样，他开始肆意抢劫外国船只，但他的船员们开始滋生不满。船员们威胁说要造反时，他重击了炮手的头部，炮手经受了漫长的痛苦后死去。基德回到西印度群岛时，官方认定他是一名海盗，将他逮捕并遣送回英格兰。实行绞刑后，基德的尸体被吊在泰晤士河上方，以警示众人。

让·贾斯帕·德旺斯（Jean Gaspard de Vence）既是一名海盗也是一名皇家海军指挥官

① 1558年11月17日至1603年3月24日任英格兰和爱尔兰女王。——译者注

海盗舵手的一天

在 18 世纪加勒比海地区的一个无秩序的世界里维持秩序。

在 18 世纪的海盗黄金时代，当一名海盗其实并不算一份光彩的工作。选择了这条危险道路（或被迫选择）的人随时有可能失去生命或四肢。然而，一旦成功地干一票，酬劳之丰厚是任何皇家海军的水手做梦都想不到的。虽说船长是战斗中的负责人，但实际上是舵手在真正控制局面。舵手这一全体船员选举出来的职位，有时候甚至能命令船长，而且他要担起维持船上秩序的重任。

维持井然的秩序

舵手的工作和传说中的惊心动魄相去甚远，几乎每天都充斥着千篇一律的无聊任务，那就是：维护船只。海盗们会用织机、折缝棒（seam rubber）和针，在缝隙中填补新的麻絮，去修补船帆上的洞，也会花好几个小时修理水泵。如果船的状态不佳，他们会找一个可以倾斜船身的地方，清理船底附着的甲壳动物和船体中的虫子。

寻找果腹的食物

海盗船上的食物经常处于紧缺状态，即使地位高的船员也没有足够的食物。这是因为桶里的淡水很容易变质，海盗经常以一种“奔波酒”（bumboo）代水，这种酒是由朗姆酒混合了水、糖，加入肉豆蔻调制而成的。船上最常见的食物就是硬饼干，他们经常在夜里吃，这样就看不到饼干上爬着的那些象鼻虫了，有些饿疯了的海盗甚至会吃老鼠和自己的皮包。

违法者更有可能被直接扔出船外，
而不是忍受走木板的心理折磨

惩罚违法的船员

虽然海盗本身就是违法的存在，海盗自己却有一套异常严格的法律，舵手负责确保所有船员遵守法规。不同船上的法规各有不同，但禁止赌博、强奸和打斗是共有的规定。违法者将受到严厉的惩罚，轻者鞭刑，重者处死。走木板[1]这种惩罚实际上比较少见。有一种特别恐怖的惩罚方式是将某人流放，只给他一把装有一颗子弹的枪。

平息纷争

舵手极力避免船上发生争斗，所以任何纷争都要在岸上就解决，并且有一套固定的解决纠纷的方法。舵手会陪伴产生纷争的两人去岸上，让他们背靠背。两人迈出一定的步数后，舵手一声令下，两人转身，向对方开火。如果彼此都没打中对方，那么就拔出匕首决斗。这样做的目的不是要杀死对方，而是在决斗中抢占先机。

攻占船只

一名海盗的成功绝大部分取决于他是否有令人闻风丧胆的名声。他们不是靠屠杀取胜，而是希望敌船尽可能和平投降，这就要靠平日积累起来的名声了。敌船投降之后，他们一般会放过敌船上的船员。如果知道海盗会杀掉俘虏，那这些船员肯定会拼死抵抗，这样就可能使得更多人送命。大多数人都愿意和平投降。交出财货。

① 逼人走上伸出船边缘的木板，最后掉入海中被淹死。——译者注

著名的海盗旗是另一个海上危险信号

分摊赃物

海盗船上存在约定俗成的等级制度，抢来的财物就是根据这种等级制度分配的。海盗们甚至会使用较为原始的现代分权制衡的方法来保证分配公平。一般船员分得一成，而船长、高级船员、舵手等人分得的份额更多。他们很少把财物埋藏起来，而且财物一般都是食物、武器、衣物等，并非一箱箱的金币和珠宝。

逃避追捕

几乎历史上所有著名海盗，例如查尔斯·范恩和黑胡子，都是出海后仅有几年时间就被抓获了。（当局）对海盗的惩罚非常严酷，而对海盗处刑甚至被当做一种娱乐方式。许多海盗的下场就是被绞死或者“跳大麻吉格舞”[1]，有些直接被放在绞刑架上示众，有的被活活饿死。他们的尸体被扔在铁笼子里晃来晃去，慢慢腐烂，恐吓、威慑着那些有当海盗念头的人。

监督医疗救治工作

海上的生活不适合胆小鬼——受伤和疾病是他们选择当海盗时就已接受的风险。经典的戴着木质义肢或手臂上装钩子的海盗形象并不是凭空杜撰。如果医治无效，很多海盗就会被其他海盗压住身体当场截肢。不缺钱的海盗可以安上特制的木质义肢，否则就在断肢上接一根木棍了事。而钩子其实是相当昂贵的。

虽然有嗜血的名声在外，但海盗船长通常是民主选举产生的

①“跳大麻吉格舞”(Dance the Hempen jig)：绞刑的另一种戏称。由于绞刑的绳子时常为大麻绳，帮称“大麻吉格舞”。

怎样俘获一艘商船

18 世纪早期的一名海盗如何抢劫贵重物品。

大家都认为海盗唯一追逐的就是财宝，是吗？事实上，在海盗的黄金时代，这些满脸胡须的海上猎手抢夺各种各样值钱的东西，从糖到咖啡、可可再到丝绸。海盗是 17 世纪晚期和 18 世纪早期美洲殖民者最头疼的问题之一，他们控制了新大陆和加勒比地区以及欧洲之间的关键航线。不过很快，这些海上暴徒自己就成为了他人追捕的对象，任何抓住和杀死他们的人都能得到一笔丰厚的赏金。在这样的悬赏制度下，这些海盗在海上的恐怖统治只持续了约 40 年。

你需要

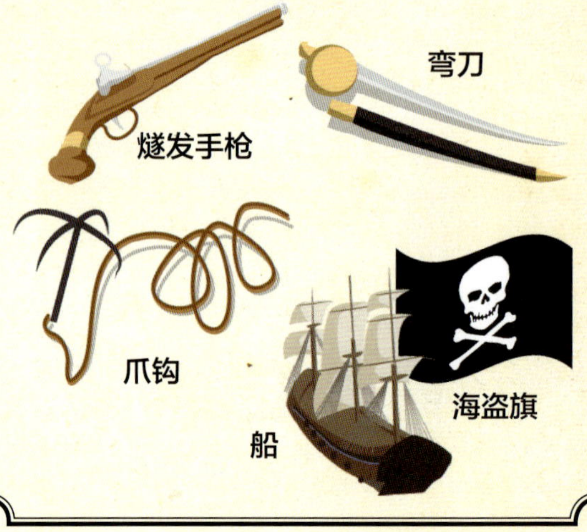

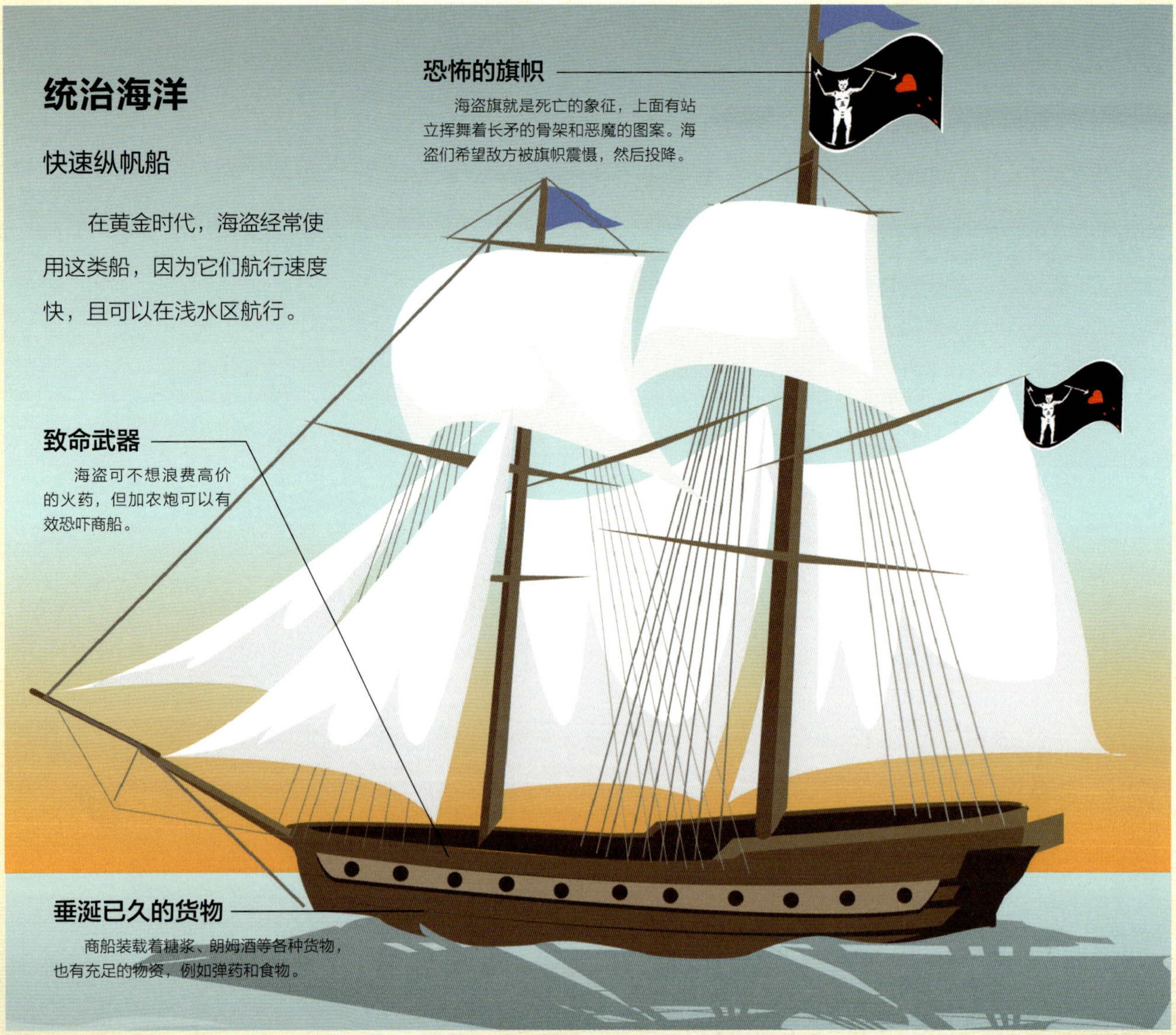

如果想活命，不要去抢劫

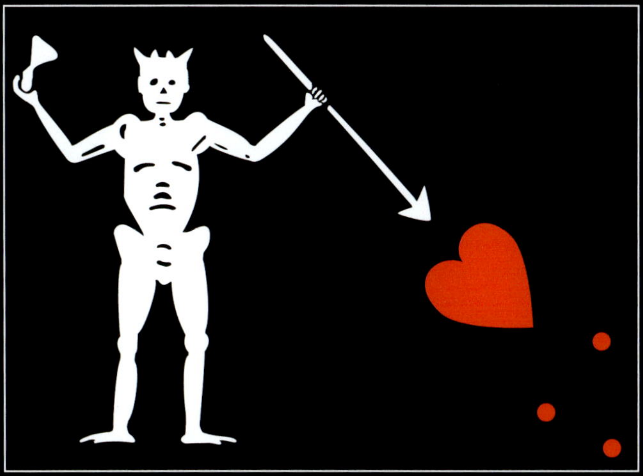

1718 年，在加勒比海域所有你可能碰到的海盗中，爱德华·蒂奇，或称黑胡子，是最恐怖的一号人物。一看到那面熟悉的旗帜——图案是一具骷髅用长矛刺向心脏，水手们就立即投降，献上货物，请求饶命。

绝望的当地人找到了当时弗吉尼亚的地方长官亚历山大·斯波茨伍德（Alexander Spotswood），出于对海盗的愤恨，他随即发动了搜捕。一次，黑胡子进入了他们的视线，于是水手们都藏在甲板下，骗海盗登上了船，以其人之道还治其人之身。

“如果我今天饶了你们，或者求你们饶了我，我就不得好死。”黑胡子厉声道，然后便开始对皇家海军长官罗伯特·梅纳德发动袭击。但他没有看到从他背后扑上来的水手，水手一刀砍下他的头颅。这位最有名的海上恶霸就这样在船头被制服，但黑胡子的传说至今都流传着。

01 准备攻势

在巴哈马海域起航，注意观察海平线那边是否有商船经过。这块地方最适合肆无忌惮地洗劫商船，因为正处于航线方向并且靠近货运港。这里也有很多无人小岛和隐蔽的小湾，可供藏身，等待货船经过，发动突袭。

02 跟踪目标

尾随目标，观察船上有多少人，载有何种货物，以及持有何种武器。这可能要花好几天时间，但海盗必须沉得住气；在公海上，意外就是最可怕的武器。海盗之间非常民主，他们会通过投票来做重大决定，比如进攻定在什么时间。

03 升起旗帜

等到黎明或黄昏时分，光线微弱，难以看清对方的船时，将船拉近到射击距离。看好对方船只来自哪个国家，并升起该国国旗，让对方误以为安全。最后一刻，换回真正的海盗旗，通常是一面黑色或血红色的旗帜，然后开火，表示警告。

04 投降或者死亡

通常一面海盗旗就足以震慑住对方并让对方和平投降。众所周知，海盗旗升起意味着一旦海盗登船，他们不会手下留情。海盗会用木楔塞住船舵，让船无法航行，并且用爪钩钩住船身，将其拉近，以便登船。

05 抓住人质

抢走所有货物，不放过任何一个箱子，把水手们带到海盗船上来。他们可能有些有用的技术，也可用来压迫其他商船的成员。如果他们拒绝合作，就把他们扔出船外、当做奴隶或者拿他们做人质。不过首先要抢走他们身上所有珠宝和钱财。

06 分配赃物

和其他成员分配抢来的东西，要保证船长拿到的多一些。然后可以把截获的船只收归作船队的一员，当然得改造一番来隐藏它的身份，或者也可以把它送到大洋深处，销毁证据。抓住海盗可有悬赏，所以必须极其小心。

四大著名海盗船

冒险帆船号（Adventure Galley）

1695—1698 年，威廉·基德

这是一艘结合了帆、桨两种设计的船。冒险帆船号做工较差，后来由于船体腐化而被弃用。

幻想号（Fancy）

1694—1695 年，亨利·埃弗里

发动造反叛乱并且拿下这艘船后，埃弗里把它改造成了当时印度洋最快的船之一。

维达号（Whydah）

1716—1717 年，山谬·贝勒米

维达号原本是一艘奴隶船，初次航程返航时遭到黑山姆截获。其残骸已被打捞出来，它成为唯一一艘有实物证实的海盗船。

皇家宝藏号（Royal Fortune）

1719—1721 年，黑巴特

这艘船只是海盗黑巴特截获的众多船中的一艘，后来他将其命名为皇家宝藏号。

战利品

在黄金时代的高潮期，海盗在世界各地抢劫、盗窃。以下是对他们抢来的几笔最大财富的介绍。

年份：1695 年 **地点：**红海

受害者：法塔赫·穆罕默德号（Fateh Muhammed）和甘吉沙瓦号（Ganj-i-Sawai）

海盗船长：亨利·埃弗里

价值：50 万英镑

战利品一

埃弗里也许不像同时代其他海盗那样被人熟知，但他一生中虏获的财物可能比其他海盗虏获的总量还多，而且他最为人所知的是他曾一次性虏获了可能是海盗史上最大的一笔财产。17 世纪末期，他驾驶幻想号从马达加斯加海岸出发向北航行，希望截获从麦加一年一度朝圣归来的印度莫卧儿王朝的船队。埃弗里攻击的第一艘船是法塔赫·穆罕默德号，他很轻易就击败了这艘船，手下一共搜刮了价值 5 万到 6 万英镑的财物。贪婪的埃弗里还想要更多，他很快就截获了另一艘甘吉沙瓦号，这艘船载着最昂贵的财宝。经过一场血腥而漫长的战斗后，埃弗里和手下欺骗了其他一同作案的海盗船，席卷全部赃物逃走。埃弗里成了官方和海盗两方的通缉犯，但不久后他就从历史中消失了，他的余生成了不解之谜。但据当时的消息称，他在伦敦死去，身无分文，失去了所有的财产。

战利品二

年份： 1716 年 **地点：** 弗罗里达海岸

受害者： 1715 年西班牙珍宝船队（Spanish Treasure Fleet）

海盗船长： 亨利·詹宁斯

价值： 8.7 万英镑（分配前总数达 60 万英镑）

1715 年 7 月，一支由西班牙帆船组成的大型船队，载着成堆的财宝，在弗罗里达海岸遇到飓风而沉没。许多水手幸存了下来，被冲到海岸，然后争先恐后地去抢夺船上的财产。这场事故的消息扩散开来，很多船都快速朝船失事处赶来。其中就有贝尔谢巴号（Bersheba）和船长亨利·詹宁斯。詹宁斯曾在西班牙王位继承战争中担任过私掠船船长，这次掳劫西班牙船只残骸是他初次向海盗转型。贝尔谢巴号和船员在 1716 年初就到达了船只失事点，当时大多数财物都被抢光了。但詹宁斯发现了有一大部分财产还在海滩准备运送，于是他突袭了这个由 3 艘船、将近 300 人组成的阵营。虽然詹宁斯抢到了财产，但他也是为数不多的接受了 1718 年国王特赦的海盗之一。他自己航行至百慕大并且向官方投降。后来，他告别海上生活，成为一名种植园主，坐拥财富和土地，但没人知道他最后的命运如何。

年份：1707年 **地点：**红海 **受害者：**英国军舰中队

海盗船长：约翰·霍尔西（John Halsey） **价值：**5万英镑

战利品三

和许多人一样，约翰·霍尔西的航海生涯是从成为私掠船船长开始的。1704年私掠许可证到期后，霍尔西和手下马上驾驶查尔斯号前往马达加斯加，准备过海盗的日子。1707年8月，在驶往红海的穆哈(Mocha)途中，他们遇到了一支全副武装的英国战舰队。霍尔西并没有选择拿60门大炮对准船队，而是选择了直接搏斗。出人意料的是，舰队中最大的一艘船竟逃走了，破坏了队形，让海盗轻而易举地拿下了其他船只。他们截获了其中两艘船，抢到了价值约5万英镑的赃物。查尔斯号并非霍尔西仅有的一艘船。一年前截获两艘商船后，他拥有了一支小型船队。不过所有这些都在一场飓风中沉入海底，霍尔西自己也在不久后的1708年死于发烧。他极受手下船员的尊敬，在一场隆重的葬礼中被安葬。

战利品四

年份：1719 年 **地点：**巴西海岸 **受害者：**葡萄牙战舰队

海盗船长：巴沙洛缪·罗伯茨 **价值：**4 万—9 万英镑

1719 年夏天，罗伯茨及其手下沿巴西海岸巡游了两个多月，却没有找到一艘船。直到他们决定返回加勒比海时，万圣湾（All Saints' Bay）出现了一支由 42 艘满载着财宝的葡萄牙船只组成的舰队。罗伯茨厚颜无耻地挂上了葡萄牙国旗，直接驶入船队中，随便挑了一艘船，劫持了船长。他想知道财宝最多的船是哪艘，于是人质指向了圣家堂号（Sagrada Familia），上面有 40 把枪和将近 200 名船员。海盗劫持了这艘船，抢了数万枚葡萄牙币和大量珠宝，最终满载而归。

战利品五

年份：1693 年 **地点：**红海 **受害者：**印度商船

海盗船长：托马斯·图 **价值：**10 万英镑

托马斯·图的一生中，实际出海只有两次，但这两次都意义重大。图是开辟了所谓"海盗航线"的几名海盗之一，这条航线从大西洋出发，通向非洲，再通往印度。他的第一次远征开始于 1693 年末，驾驶着亲善号（Amity）穿越红海。图和手下遇见一只载满财宝的印度船队。虽然船队里一共有 300 名士兵，但他们都选择了和平投降，亲善号夺走了价值 10 万英镑的货物。根据海盗守则，赃物要在成员间公平分配，每人依据等级不同，拿到 1200—3000 英镑不等，图则拿到了 8000 英镑。

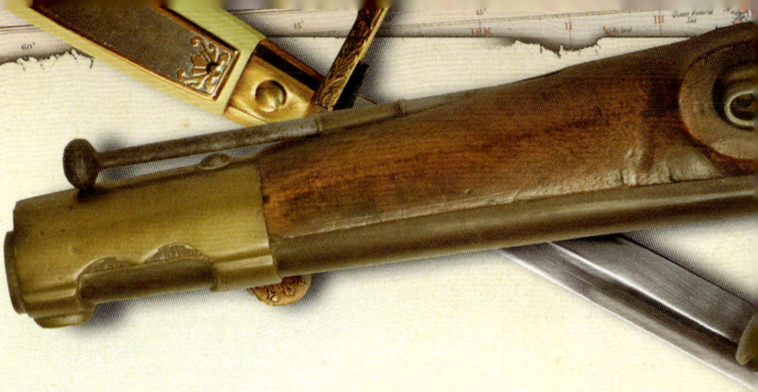

海盗猎人

在海盗活动的高峰期，大量货物被劫走，这严重影响了世界贸易的进程。为了解决这一问题，政府雇用了一些愿意帮忙的人。

并非所有的海盗猎人都曾是海盗……还有很多是政府官员。

1718 年国王特赦由巴哈马群岛皇家总督伍兹·罗杰斯（Woodes Rogers）首次发表。发布该特赦是针对巴哈马地区日渐滋长的海盗行为，它的问世标志着海盗黄金时代开始走向衰落。任何希望结束海盗生涯，从事合法工作的人都可以接受这份特赦，但作为交换，要供出其他海盗，并帮助官方追捕他们。

虽然许多海盗都曾在西班牙王位继承战争中做过私掠船船员，算为政府效力过，但在和平时期，他们变得危险而又不安分，可能危害贸易。这份特赦对那些害怕被抓捕的人很有效，但对另外一些人来说，追捕是唯一让他们停下来的办法——甚至追捕也并不总是奏效。

包括本杰明·霍尼戈尔德在内的许多著名海盗都接受了特赦，毫不犹豫地背叛其他同伴。而有的海盗，比如查尔斯·范恩，最初同意接受特赦，但马上又反抗起来。理论上，特赦是征召老练海员、剔除海盗行为的绝佳途径；实际上，它却引发了许多复杂情况，不仅仅关于如何对抗那些最富恶名的海盗，也包括该如何给抓住他们的人回报的问题。

海盗猎人之间没有民主的海盗守则，无法肆意夺取赃物，因此关于如何分摊赏金以及如何定义追捕是否成功，总会产生许多纠纷。他们之间没有多少正直和诚信可言，经常互相偷窃、欺骗。

然而，并非所有的海盗猎人都是改过自新的海盗，还有很多人原来是政府官员或海军军官，他们迫切地想要遏制住海盗问题。威廉·瑞特（William Rhett）上校就是其中一个代表，他最有名的事迹就是抓捕了人称“绅士海盗”的斯蒂德·邦内特（Stede Bonnet），并在许多次成功航行中与黑胡子合作。1718 年邦内特向瑞特投降时，对他的悬赏是 700 英镑。在审判中他请求从轻发落，发誓再也不参与海盗活动，但他还是被判处死刑，和其他成员一同被绞死在南卡罗来纳省。

公海上的战斗常令人丧命

海军突袭新普罗维登斯岛（New Providence）一处位于巴哈马群岛的海盗窝点

被绞死的尸体通常会被链条绑住，这样示众的时间可以长一些

和黑胡子相比，邦内特算是死得痛快了。黑胡子同样在一名海盗猎人手下被处决，即罗伯特·梅纳德上尉。这位邪恶的航海家于 1718 年末死于奥克拉科克岛，死前身中 5 枪及将近 20 处刀伤。黑胡子死后，作为对其他海盗的警告，梅纳德和手下砍下了他的头，放在船头，然后把他的尸体扔进了大海。

除非在海上直接被杀死，否则大多数被抓的海盗会被投入大牢，不久后便接受审判，然后马上定罪。这些海盗常常互相揭发，讨价还价，想通过提供信息或者交出赃物逃过绞刑，但这些伎俩很难成功。海盗及其手下的犯罪证据通常多不胜数，大部分成员都会被处以绞刑。

逮捕和处死威廉·基德是海盗时代最不寻常的一次判决，因为最初他本人就是一名海盗猎人。他第一次不情不愿地出海，就是作为一名私掠船船长，而且很长时间都没有抓到一名海盗，又不愿意攻击过往船只，一路上有很多手下逃跑。一次，基德真的截获了一艘船，他想说服手下别打这艘船和船上偷来的财宝的主意，但他们拒绝了，而基德默许了。于是他马上被海军打上了海盗的标签。

基德被逮捕后，他的手下背叛了他，而他作为船长背负了罪名。他被单独拘禁在牢里，一年后接受了审判。这时，所有对他有利的证据都被销毁，还有两名手下做出对他不利的证明以求宽赦，这些都加速终结了他的命运。基德，一名曾经的海盗猎人，却遭到过去他想帮助的政府的背叛，在 1701 年以海盗之名被处以绞刑。

黑胡子的死是海盗猎人的重大胜利

一艘法国船只被英国海军击沉

黄金时代的惩罚

流放

这种惩罚通常用于那些战斗中当逃兵的人。犯人被放逐到一个无人小岛，除了身上穿的衣服、一小罐水、一把手枪、火药和子弹，其他什么都没有。

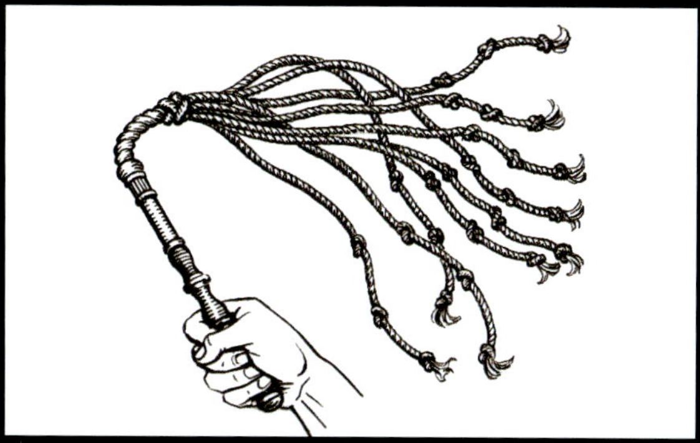

九尾鞭

属于一种特殊的鞭刑，使用的是一根分成九段的粗绳，每段末尾有一个倒钩状物体，可能是鱼钩或火枪子弹。行刑后，还要在犯人的皮肤上撒上盐或醋，加重痛楚。

绞死

绞刑是处罚海盗中最常用的一种刑法，通常会在离水很近的地方进行，例如靠近海或河的绞刑架。为了延长示众的时间，尸体通常会被涂上一层焦油或被锁链绑住。

铐住

如果有人在船上犯了错，他的腰和双腿会被铁铐铐起来，要么被扔进货舱，要么被绑在桅杆上。如果天气不好，那么犯人多半会被绑在桅杆上。

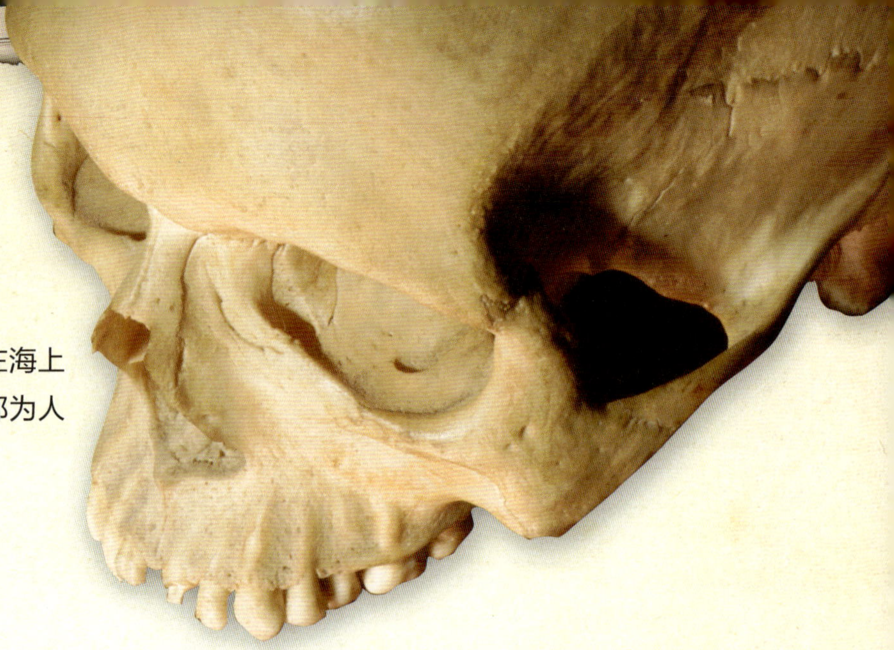

海上传说

海盗是比较迷信的一群人，他们在海上有一系列的规矩和忌讳。并非每一项都为人所知，但其中一些流传至今。

“戴维· 琼斯的柜子”（Davy Jones’ Locker）是深海地狱

“戴维 · 琼斯的柜子”这个说法早在18 世纪中期就出现了，最初是以文字形式为人所知，不过世人都觉得在此之前这个故事就已经口口相传，广为人知了。简单地说，戴维 · 琼斯就是海底的恶魔。被送到戴维 · 琼斯的柜子里就等于去死，淹死在海洋深处，绝无一丝生还的希望。戴维 · 琼斯这个名字在托比亚斯 · 斯摩莱特（Tobias Smollett）于 1751 年出版的冒险小说《匹克尔传》（*The Adventures of Peregrine Pickle*）中被首次提及，此后，又出现在当时更有名的航海故事中。斯摩莱特用“他的眼睛又大又圆，长着三排牙齿，头上长角，背后有尾巴，鼻孔冒蓝烟”来描述这个魔鬼。

船上养猫可带来好运

许多海盗都认为猫，尤其是黑猫，可以带来财运，能助他们登船。关于猫在船上的行为也有一系列迷信的说法，大多都是关于天气的。例如，如果猫向某个船员走去，代表好运；如果走到中途，猫转身离开，代表有厄运跟随。如果猫跌落船外，不管是意外落水还是被扔出去的，一定有风暴到来；如果船在暴风雨中幸存，那么肯定受到了诅咒，一连九年都有厄运。多趾猫，即多长了脚趾的猫，在海盗眼中代表着特别幸运，同时也意味着这样的猫更擅长攀爬和捕猎，在控制船上老鼠的数量方面特别有用。

飞翔荷兰人号（Flying Dutchman）是一艘永远不会靠岸的幽灵船

这个迷信说法的起源不为人知，但它是一则很常见的海上传说。据说，曾有水手看见它飞速驶过，通常是在阴暗的夜里或迷雾里，会给人带来不幸。人们通常认为这艘船属于 17 世纪一名叫做伯纳德·福克克的荷兰船长，他曾是一名真实存在的水手。福克克为荷兰东印度公司工作，因为航行速度快得惊人而出名，因此他的航行时间短得打破了纪录。18 世纪末期，他和手下在一场特别恶劣的风暴中葬身海底，而他的船，甚至是船上的遗物，再也没有被找到。虽然飞翔荷兰人号的起源无法考证，但福克克船长的故事听上去的确说得通。它是一艘传奇的船，由于速度出了名的快，而被诅咒永远在海上航行。

克拉肯（Kraken）是一个能把船掀翻的恐怖海怪

出版物中首次提到克拉肯的时间可追溯至 18 世纪中期，但在 12 世纪的挪威就流传着关于这个怪物的传说了。一般克拉肯都被刻画成一只巨大的章鱼或乌贼，而且能够掀翻一艘船。所以克拉肯的传说很有可能就来源于某个巨大的乌贼或其他生物。尽管不可能像传说中的克拉肯那么庞大，但巨型乌贼的确能长到 12—15 米长，这个体型足以掀翻一艘小船了，水手要是看到这样一只乌贼，很容易就往迷信的方向去想了。“克拉肯”这个词从未在哪里被确凿地提及过，但儒勒·凡尔纳在他的《海底两万里》里谈到了这个怪物，说它是“一种值得在传奇故事中去讲述的可怕怪物”。

如果一艘船的船首像是个女人，它便不容易沉

航海家经常把女性裸体视作好运的征兆，这一点体现在了船首像上，船首像被当做一艘船的精神。民间传说中，女人可以安抚愤怒的大海，因为航海旅行是否成功取决于天气状况，所以放置女神雕像就是为了保护船和船员。然而，这个迷信却并不包括真实的女性，这在下一页中有详细解释。

很多人相信，只要船头放着雕像，无论风暴有多猛烈，这艘船都不会沉。但是，海盗们很少去选择自己的船首像——这取决于他们抢来的船上有什么雕像。

在船上吹口哨可招致噩运和坏天气

航海期间，绝大多数船的运气和安全都受天气影响，因此也产生了许多相关的迷信说法。比如，很多海盗和航海家都认为在船上吹口哨会给船和船员带来噩运，主要是坏天气，因此吹口哨是禁忌。而且，他们尤其相信，在风平浪静的天气吹口哨，会带来大风，如果在大风天吹口哨，风就会变得更大。不过，吹口哨并不是船上唯一的禁忌。还有很多其他的禁忌，例如重新给船命名、选择在星期五起航、船上有人去世、没人摸过的酒瓶发出的声响等，都被当成是不祥之兆。

船上有女性会招致噩运

虽然裸体女神船首像一般来说是一艘船上的精神引领，出人意料的是，船员们认为现实生活中的女性是霉运的象征，不欢迎她们登船。很多传说和神话都把女性描述成残酷而危险的人，会威胁到水手们。希腊神话中的海之女神卡吕普索（Calypso），就会利用自己的美色诱惑水手，让他们走向毁灭。因此，女性在海上并不总是受到青睐，尽管女性已经不能算是海上的常客了。除了迷信的成分，更有可能的原因是女性在船上对男人来说是个非常大的诱惑，很可能引发争风吃醋的打斗。

真真假假

经过了这么长的历史，海盗在积累了大量财富的同时留下一两个传说，也是再自然不过的。但其中有一些是真的，而另一些只是传说罢了……

海盗更喜欢用的惩罚方式是流放、直接把人扔到船外，或者用更残酷的“船底拖曳”。

俘虏和叛变的人会被迫走木板

虽然大众普遍认为走木板是海盗喜欢用的惩罚方式，但此前并没有囚犯或失格的海盗成员走木板的历史记录。海盗更喜欢用的惩罚方式是流放、直接把人扔到船外，或者用更残酷的“船底拖曳”。这种方式是将人绑在绳子上，在船底拖行，受罚者要么由于不断摩擦船的龙骨受伤而死，要么慢慢溺死。海盗们经常用惩罚来威胁那些拥有财物或宝贵消息的人，而且他们对实行惩罚很有一套，走木板也太过轻松和仁慈了。如果成员之间有不和，一般通过讨论和民主投票解决，这也是海盗守则所宣扬的办法。

海盗会把宝藏埋藏起来，这样就没有人能发现了

根据史料记载，极少海盗会这样做，把值钱宝藏放进一个旧木箱埋好的例子就更少了。17 世纪晚期，威廉·基德发现他受到通缉，皇家海军正在搜捕他和手下船员，于是他把一些赃物藏在纽约，打算在审判中用作筹码。但他还没找到机会取出来，这笔财物就已经被英国政府挖出来了，而且还被当作对他不利的证据。后来出现了许多世界各地都埋着大量宝藏的传言，但从没发现实物或书面的证据。一般来说，海盗们更喜欢去享受、挥霍或者交换彼此的财富，而不是去累积财富。

所有海盗都会在航行时挂上带有骷髅头和交叉腿骨的海盗旗

尽管在现代，海盗旗是海盗最广为人知的标志，但并非所有海盗都会在船上挂这面旗。海盗们会挂上各种形状、大小和颜色的旗帜，旗帜上有代表各种事物的元素。比如，一面纯黑色的旗就代表有一名船员去世。一艘船上一般会准备很多种旗，在旅途中行驶到什么国家和地区，就使用相应的旗帜。使用旗帜的另外一个目的是为了吓跑敌人，因而能将船身和财物的损失尽量减少。这种方法通常是有效的。对某些商船来说，见到海盗旗就够可怕的了。在战斗的中途，海盗也会经常挂起徽章，这是一种鼓舞士气、恐吓敌人的方式。

真

海盗会在船上养鹦鹉当作宠物

通俗小说经常会把鹦鹉描绘成站在海盗肩上呱呱乱叫的形象，但鹦鹉并不是海上航行中最普遍的宠物，不过鹦鹉出现的频率还是比想象中高。在 17 和 18 世纪，纵横四海、不断探索新海域的海盗构成了经济和地理活动的主要组成部分。他们希望沿着最热门的贸易路线，尽量接近货物所在的区域，例如加勒比海地区、印度洋地区以及西非海岸，而这些热带地区就生活着热带动物。发展异国宠物生意的意义在于，家乡的人会花高价钱买鹦鹉等其他当地罕见的动物当作宠物，而海盗在国外的港口很容易就能买到这些动物。很多情况下，鹦鹉是被当作赚钱的工具，而非宠物。

假

大多海盗有木质假肢

这一关于海盗的刻板印象主要是罗伯特·路易斯·史蒂文森（Robert Louis Stevenson）的小说《金银岛》（Treasure Island）造成的；这本书中的主人公独腿海盗西尔弗（Long John Silver），就是以独腿出名。然而，历史上少有记载类似史蒂文森描述的情况。例如，弗朗索瓦·勒克莱尔（Francois Le Clerc）是一名在根西岛（Guernsey）的战斗中失去一条腿的 16 世纪法国海盗。失去腿后，西班牙人戏称他为“Pie de Palo”，而其他法国海盗叫他“Jambe de Bois”，两者大致的意思都是“木质假肢”。因此，这个传言有一定的事实依据，并且海盗在战斗中或日常执行任务时的确很容易受这种伤。但实际上，合法海员与海盗在航海途中失去手和腿的可能性是一样的。

海盗都是野蛮嗜血的暴君

几乎所有的海盗都不认为他们的海盗工作有暴力倾向。他们认为自己是商人，为了贸易和利润而工作，只有在没有战术或者的确要夺得财物的时候才会发起战斗。打斗总是伴随着受伤或死亡的风险，也会造成船的损伤，甚至损失唾手可得的财物，所以海盗会极力避免人员伤亡；抢劫的时候能不打斗就不打斗。许多情况下，商船一见到海盗旗和开炮声就会投降，海盗轻易就能抢走财物，战斗也就显得不太必要。如果有商船意图应战，海盗就会威胁说抵抗的人格杀勿论，并且接受那些愿意臣服当俘虏的人。

所有海盗都因为戴着独眼眼罩出了名

事实上，对于某些海盗来说这的确是真的，但他们也不是每个人都在战斗中受伤或者失去了一只眼睛。虽然有类似事件的第一手记录，但历史学家们都认为更多的海盗戴眼罩是为了在黑暗中看得更清楚，这听上去更合理些。在战斗中这一点尤其重要，因为他们不断地在甲板上跳上跳下，而眼睛完全适应黑暗的时间最长可达 25 分钟。如果眼罩下的那只眼睛已经适应了黑暗，他们就能迅速地把眼罩戴在“户外使用”的另一只眼睛上，使用那只早已适应了黑暗的眼睛，让他们的进攻如虎添翼。

掠夺时期

探寻布加尼埃海盗是如何通过抢掠
西班牙商船而扬名。

N
S
E
N.E
S.E
20
40
60
80
100
120
140
160

布加尼埃海盗的时代

加勒比海地区的强盗们开始袭击载满新大陆货物的法国和西班牙船只后，成为了真正的海盗。

他将“龟岛”建设成了布加尼埃海盗的天堂。

真正的布加尼埃海盗在 17 世纪晚期到 18 世纪早期在加勒比海地区或沿南美洲海岸活动。但“布加尼埃海盗”这个称呼逐渐包含了这一地区合法的海员和非法的海盗，并逐渐成为一个较为笼统的称呼。

像亨利·摩根等有名的布加尼埃海盗，其实都是私掠者，是在官方允许下劫掠敌船货物和财产的，而摩根主要劫掠的对象是西班牙船只。私掠者持有“私掠许可证”，这是一种复杂的文件，里面充斥着许多看似高深的法律术语。对每一笔收获，私掠者都需要有记载，并且要将收入的一部分上交给国王。

“布加尼埃”这个词最初指那些非法狩猎的猎人和在内陆地区觅食的山地居民，他们生活在伊斯帕尼奥拉岛（Hispaniola）（今分属多米尼加共和国和海地两国）的山谷间。据说这些人的祖先是法国人，因为采用了加勒比海地区土著阿拉瓦克人（Arawak）的烹饪方式，即用一种叫“buccan”的木质烤肉架来加工和熏烤肉类而得名为布加尼埃人（Buccaneer）。

“buccaneer”这种英语化的称呼因 1684 年法国作家亚历山大·埃科斯奎梅林（Alexandre Exquemelin）的作品“*De Americaensche Zee-Roovers*”的英文版书名《美洲海盗》（*The Buccaneers Of America*）而被世人所知。由于多年打猎练就的枪技，布加尼埃人中的很多人都是神枪手。

17 世纪 20 年代，这些穿着兽皮、身上别着猎刀的布加尼埃人开始跨岛迁移，很多人都漂泊到了北部海岸。大约 1630 年，很多人在一个名叫托尔图加（Tortuga）的近海岛屿定居下来，该岛得名于哥伦布，他认为这个岛的形状很像龟壳（西班牙语中乌龟叫“tortuga”），因此称其为“龟岛”。这座岛具有有利的自然条件，其港湾很适合作为发射台，用于突袭沿向风海峡（Windward Passage）航线，行驶于古巴和伊斯帕尼奥拉岛之间的船只。

托尔图加岛上第一个有记载的海盗首领是法国人让·勒·瓦瑟尔（Jean le Vasseur），他也被广泛认定是把这个岛屿变成持续半个多世纪的非法海盗聚集的大本营的人。作为一名军事工程师，他在 1642 年负责监督位于一座岛屿海湾凸出区域的堡垒施工。托尔图加岛上既有泉水资源，又能受到堡垒的保护，很适合作为长期行动的大本营。勒·瓦瑟尔把这个强悍的堡垒称作他的“鸽舍”。

巴沙洛缪，建立了所谓“海盗守则”的葡萄牙海盗

西班牙人并不把他的所作所为放在眼里。1643 年，西班牙派出 6 艘船及 500 人去攻占堡垒，意图赶走勒·瓦瑟尔和他的手下。但这个法国人的防御系统非常有效，他击沉了一艘船，还把另外几艘打得四分五裂。西班牙人的两栖登陆计划也以悲剧收场，入侵者遭到偷袭，损失 200 人。

战斗的胜利使勒·瓦瑟尔声名远播，他接收了很多海员、逃亡奴隶、逃犯以及来自其他国家的亡命徒，尤其是英国和荷兰的法外之徒，导致人员迅速扩张。自此他们开始袭击西班牙船只，用小船去打击载满来自新大陆的金银珠宝的大船。

然而，由于他拒绝上交抢来的财宝，他的圈地自治很快惹怒了法国当局，而且他最终与自己的手下爆发了冲突。不过，他依然是托尔图加岛这一海盗据点的建立者，这让当时一盘散沙的海盗之间有了联系，并建立了一个叫“海岸兄弟会”（the Brethren of the Coast）的组织。每隔一段时间，他们就选举出一位司令，共同袭击重要目标，例如被亨利·摩根的手下在 1671 年洗劫得一干二净的巴拿马城。

关于布加尼埃海盗古怪举动的最生动的记载出现在埃科斯奎梅林的《美洲海盗》中，尽管埃科斯奎梅林经常把日期搞混，而且作品中包含了许多道听途说的成分，但他无疑拜访过许多港口的醉鬼，收集了很多信息，他写的历史大多都来源于真实的西班牙史料。

1666 年，埃科斯奎梅林作为契约仆役[1]跟随法国西印度公司来到了托尔图加，三年后加入了布加尼埃海盗的行列，成为随船医生，这份工作是当时海盗船上名副其实的香饽饽。他和布加尼埃海盗们共同生活了 12 年多，某次从托尔图加来到了牙买加的皇家港口，那时他加入了亨利·摩根最著名的几次冒险中（他在书中对亨利·摩根的描述非常负面）。

撇去书中不准确和夸张的成分，埃科斯奎梅林的记载还是非常宝贵的，而且这些第一手资料中充满了布加尼埃海盗的惊险故事。例如，他记录了葡萄牙海盗巴沙洛缪，他的巨大成功总是会被噩运破坏，其中一个明显的例子是他在古巴海岸附近截获了一艘西班牙船，劫走 700 枚西班牙银圆和 54431 公斤可可豆。但就在他满载而归的时候，三艘去往哈瓦那的西班牙船只袭击了他的船，他的赃物反而被别人抢走了。

一天，一场猛烈的风暴迫使他停在一个墨西哥港口，就在这时，当地人认出他就是那个经常在海岸边抢劫的人，于是他被抓了起来并且被送去吊死。然而，在他被吊死的前一天晚上，他从船上逃走，利用两个陶酒罐浮在海面上。虽然这次他逃走了，但噩运还是追着他不放。埃科斯奎梅林还记载到，他对西班牙船只发动了很多次暴力袭击，但根本就没抢到多少钱，“我见证了他死于世界上最悲惨的不幸”。

布加尼埃海盗使用小船，以便在袭击中加速

① 指 17—19 世纪为了前往美洲而以为他人充当若干年仆役作为条件订立契约的人。——译者注

布加尼埃海盗罗切·巴西利亚诺（Roche Brasiliano）因擅长严刑拷打而令人闻风丧胆，是西班牙人的瘟神

加勒比海地区的海盗

穿梭于岛屿间的海盗绝大多数时间在加勒比海地区活动。

这位随船医生兼作家也记录了荷兰海盗罗切·巴西利亚诺的所作所为，在1654年葡萄牙人把荷兰入侵者从巴西驱逐出去后，他就成为了海盗。他最有名的事迹发生在他的船抢劫了一个墨西哥港口并搁浅的第五年。就在他和30名手下经由陆路去往一个海盗据点时，他们撞见了一支庞大的西班牙骑士队，而据埃科斯奎梅林记载，他们用枪把这些西班牙人轰成了碎片。而另一方面，西班牙方面记载的却是巴西利亚诺及其团伙如何逃过这些骑士并乘小舟溜走的。

据埃科斯奎梅林记载，巴西利亚诺十分厌恶西班牙人，而且他会漫步在加勒比周边的城市里，随意攻击行人，经常砍掉无辜者的胳膊或腿，“他就像个疯子。”他还特别喜欢折磨西班牙人，据说他还曾直接在烤肉扦子上把敌人活活烧死，“就像屠杀一只猪似的。”

埃科斯奎梅林的记载中还包括了法国海盗法兰索瓦·罗罗内（见79页对他的介绍），他实施的多次抢劫中包括委内瑞拉的马拉开波（Maracaibo）。这个人是他的海盗兄弟中最阴森可怖的一个，可与巴西利亚诺比肩。他经常折磨俘虏，拷问他们最值钱的财宝到底藏在哪里。如果俘虏不愿交出钱财，他就会拿短剑把他们砍成碎块。埃科斯奎梅林的记载中篇幅最长的是亨利·摩根（见第69页对他的介绍），包括他离开牙买加后的所作所为。

牙买加初步成为海盗的窝点时，托尔图加仍旧是海盗们违法犯罪的重要基地，它是罗罗内袭击马拉开波时的大本营。之后很多年，托尔图加一直为海盗所用，直到1713年法国当局镇压住海盗为止。那时已经是海盗的另一个“时代”了（不过我们一般还是叫它“黄金时代”），也就是布加尼埃海盗时期之后的时期，它的根基也是建立在17世纪中期到晚期海盗们的掠夺成果上的。英国人在1717年颁布国王特赦之后，又授权巴哈马地方官接收并特赦投降的海盗。

没有早期海盗的开拓，这些海盗（以及少部分有名的女海盗）的生活将会完全不一样。他们继承了前人的攻略、航线以及海盗守则。虽然很多海盗接受了国王特赦，但是有一部分人却是假装接受，有的人甚至直接拒绝，在18世纪早期继续在加勒比海地区作威作福。但他们可以放肆的日子不多了，早期布加尼埃海盗的这些继承人很快受到了追捕。

17世纪70年代，亨利·摩根洗劫了巴拿马城，在这幅图中一名西班牙俘虏在向他鞠躬

巴哈马群岛，拿骚

这里是臭名昭著的“海盗共和国”老窝，也是巴哈马新普罗维登斯岛的主要城市，自 17 世纪 70 年代以来，成为了英国和美国海盗的大本营。

哈瓦那，古巴

哈瓦那位于古巴北部海岸。1555 年法国私掠者雅克 · 索合（Jacques de Sores）因打赌要从西班牙皇室的船抢到一笔钱但却失败了，遂把这座城市彻底烧毁。

古巴圣地亚哥，古巴

法国私掠者弗朗索瓦 · 勒克莱尔（因为装着木质假肢而被戏称为“Jambe de Bois”，中文意为“木腿”）洗劫了波多黎各和伊斯帕尼奥拉岛，后来又在 1554 年洗劫了西班牙专门运输财宝的港口，古巴圣地亚哥。

皇家港口，牙买加

一连串的珊瑚礁和沙洲构成了这个金斯敦（牙买加首都）旁边的小岛，也给了海盗一个避风港，1655 年英国从西班牙手中夺走该岛并在岛上修筑堡垒、大幅加强防御工作后，情况更是如此。

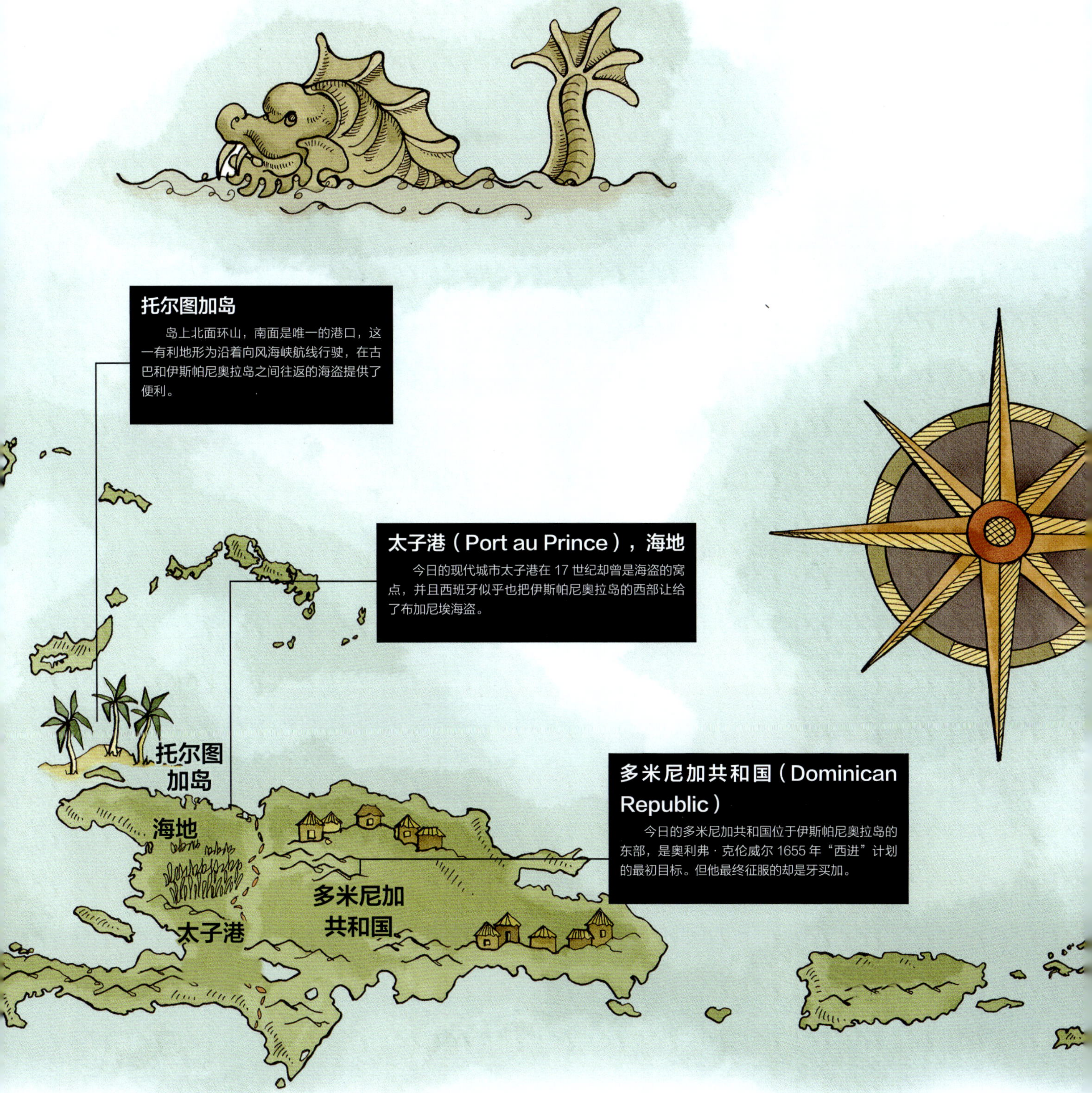

托尔图加岛

岛上北面环山，南面是唯一的港口，这一有利地形为沿着向风海峡航线行驶，在古巴和伊斯帕尼奥拉岛之间往返的海盗提供了便利。

太子港（Port au Prince），海地

今日的现代城市太子港在 17 世纪却曾是海盗的窝点，并且西班牙似乎也把伊斯帕尼奥拉岛的西部让给了布加尼埃海盗。

多米尼加共和国（Dominican Republic）

今日的多米尼加共和国位于伊斯帕尼奥拉岛的东部，是奥利弗·克伦威尔 1655 年“西进”计划的最初目标。但他最终征服的却是牙买加。

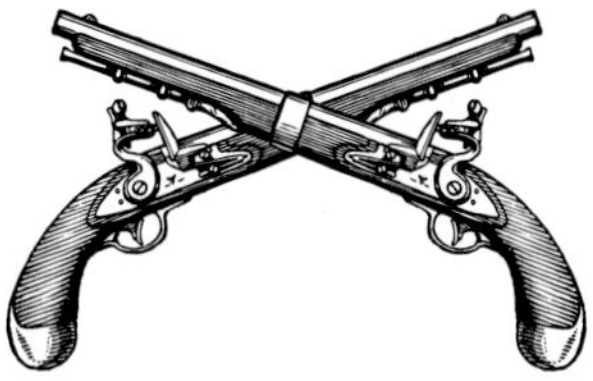

克里斯托弗·迈宁斯

一位备受尊敬的海军长官和战争英雄是怎样成为恐怖杀手和海盗的。

在布加尼埃海盗漫长而血腥的历史中，很少有海盗能比克里斯托弗·迈宁斯更让人感到害怕、受到更多人的谩骂。他最初的工作是英国政府认定的完全合法的海军军官，但后来他却成为了被权势冲昏头脑的典型例子。终其一生，他一直抱着一种“不是你死，就是我活”的态度，并且做出了很多非常糟糕的选择，让自己从一位受人尊敬的战争英雄变成了一名嗜血的杀人犯。

他大约在1620至1625年出生于英格兰的诺福克郡。最初迈宁斯作为一名船上的侍者加入了皇家海军，几年后英国内战（1642—1652年）爆发，他一路晋升，直到能与国会议员平起平坐。奥利弗·克伦威尔（Oliver Cromwell），当时的英国和英联邦护国公，给予了迈宁斯很大支持，还希望奖赏他对国会的忠诚。而且迈宁斯成为了伊丽莎白号的船长，这是属于他的第一艘船。

在掌管伊丽莎白号期间，他带领一队士兵参与了首次英荷战争，并且截获了一支荷兰船队，其中包括两艘军舰。战争结束后，迈宁斯的事业持续发展。克伦威尔将他升至军舰司令的位置，他还于1655年奉命出航去往加勒比海地区。他的使命是去处理罗伯特·维纳布尔斯（Robert Venables）在战争期间远征去往西印度群岛攻击西班牙时遗留下来的事宜。维纳布尔斯同时是个有名的垂钓手，也参加过爱尔兰战争。

克伦威尔试图用自己清教徒的地位去削弱罗马天主教在新大陆的影响力，因此他任命罗伯特·维纳布尔斯为陆军总司令，并派他去执行一个叫做“西进计划”的特别任务。这个任务的目标是占据加勒比地区的军事作战基地，主要指西班牙在西印度群岛的殖民地，从而打击西班牙大陆美洲[1]（Spanish Main）的商贸和宝藏运输路线。听取了一个叛变的多米尼加共和国“专家”托马斯·盖奇（Thomas Gage）的错误意见后，克伦威尔希望他和手下能通过“西进”计划，攻击加勒比海地区的西班牙皇室势力，从而避免在欧洲引发战争。

显然，并非一切都能按计划进行。维纳布尔斯受令和海军司令威廉·佩

① 英国以此称呼被西班牙人控制的新大陆沿岸和海域，主要包括佛罗里达、墨西哥湾及南美北岸。——译者注

纵使他给英国政府造成了如此多麻烦，迈宁斯仍然受封为骑士。

决胜一瞬

皇家港口胜利

对迈宁斯来说，皇家港口的胜利是一个重
折点。这次对战西班牙殖民地的胜利让他
整个牙买加分舰队的司令官，他开始自命
凡。这次胜利鼓励着他洗劫了圣玛尔塔，
让他认为自己无所不能。

1656年

在成为海盗之前，克里斯托弗·迈宁斯爵士曾是一名备受尊敬的战争英雄

英西战争持续时间为1654—1660年

恩（Willian Penn）共同管理这个步兵团，一个大部分士兵都极其不称职、无能的步兵团，而且他们两人时常意见不和。这种不和谐的环境使得他难以完成任务。维纳布尔斯有一位专横的妻子，当时她也参与了远征，据说她干涉他的工作，并对他的计划吹毛求疵，没有起到任何帮助。

后来，军队补给严重不足，士兵们都非常缺水、很多人因此中暑，而佩恩和维纳布尔斯两人在后期攻占伊斯帕尼奥拉岛（即今天的海地和多米尼加共和国）失败，尽管当时这块地方已经唾手可得，他们还是放弃了任务。放弃任务后，他们反而决定攻占附近的牙买加，西班牙人在那里的防御措施比较弱。在牙买加取得不光彩、有名无实的胜利后，维纳布尔斯和佩恩离开西印度群岛，回到英国，克伦威尔派出迈宁斯替代他们的位置。

1656年，迈宁斯终于到达牙买加的皇家港口，担任装备有44门炮的马斯顿荒原号（Marston Moor）战舰的船长。他接管战舰上的船员时，他们已经处在爆发叛乱的边缘，但迈宁斯以独断的政策将势头镇压了下来。士兵们重整士气，做好了应战准备，这对他们来说是个好事，因为船长很快就意识到牙买加周边已经被西班牙布好了最强的防御措施，随时准备迎战。他们决定先发制人，避免受到攻击。

维纳布尔斯的军队中还有一些英国士兵滞留在岛上，但这些人对迈宁斯的计划没什么帮助。迈宁斯没有雇用这些人，却转而接受皇家港口的布加尼埃海盗，并随后带领手下洗劫了委瑞内拉的圣玛尔塔（Santa Marta）。一切都按计划进行，船员们大获成功，西班牙遭受了惨重损失。

决胜一瞬

既非海盗，也非债主

当他开始与皇家港口的海盗打交道，洗劫库马纳、卡贝略港和克罗等委瑞内拉城市时，这位战争英雄的职业滑向了邪恶的另一端，至少在英国政府眼中是这样。在他担任船长的整个期间，他似乎没有停止过肆意摧残城市，造成无意义的破坏。

1658—1660年

获得胜利的第二年，迈宁斯晋升为英联邦海军牙买加分舰队总司令，掌管皇家港口的所有军舰，马斯顿荒原号成为他的旗舰。他也留下了海盗船，作为辅助舰艇。但直到 1658 年 10 月，迈宁斯才算是一名真正的海盗。

由于手里掌控着舰队，迈宁斯在 1657 年末到 1658 年初又对加勒比海地区的西班牙皇家势力发起了几次袭击，还入侵了南美洲北部几个较富裕的大城镇。1658 年 2 月，他作为海军总司令回到牙买加，在英西战争后期开始袭击、掠夺往来的商船。

在这期间，迈宁斯经常表现出超乎寻常的残忍，甚至因此积累了一些名气。他在权力鼎盛时期，可以无缘无故地命令几船海盗血洗整个城市。1658 年后期，他试图攻占贝略港（Porto Bello）海岸边的一支载满财宝的西班牙舰队。计划失败后，迈宁斯毁掉了两个南美洲城市托卢（Tolú）和圣玛尔塔，没有理由，仅仅出于恼怒。

在加勒比海地区期间，迈宁斯这种“大破坏”的作风在某个时刻发生了重大改变。在他雇用布加尼埃海盗之前，所有的入侵都是海军舰队实行的，因此属于政府允许的完全合法的行为。有了新船员的帮助，迈宁斯成了一个不折不扣的罪犯。迈宁斯的所作所为让西班牙政府十分恼火，他们把迈宁斯看做一个典型的海盗、一个大屠杀凶手，并试图就他的行为向克伦威尔的政府表达抗议，但并没有什么用。

1659 年，迈宁斯带领着他的皇家港口海盗们成功洗劫并摧毁了委瑞内拉的库马纳（Cumana）、卡贝略港（Porto Cabello）和克罗（Coro）3 座城市，随后返回到牙买加的临时住处，同时带回了从克罗抢来的大概价值 25 万英镑的白银和其他值钱货物。这次抢劫从表面上看似乎是成功的，但迈宁斯没有意识到他犯了个错误：他公然反抗英国驻牙买加总督爱德华 · 多伊利（Edward D'Oyley）的命令，将抢来的本属于政府所有的赃物分给了海盗一半，随后因挪用公款罪名被逮捕。迈宁斯于 1660 年被遣送回英国，返航的船正是马斯顿荒原号，而他将以海盗的身份接受审判。

然而，英国君主制复辟，发生政治动乱，迈宁斯的命运再度改变。他的案件在混乱局面中被匆匆结案，他又成了自由之身。他乘着一艘新船回到了加勒比海地区，这次他的旗舰叫做百夫长号，并且他重新担任起了海军任务。

迈宁斯 1662 年返回皇家港口，尽管当时英西战争已经结束，英西两国已经达成休战协议，他还是命令他的船队袭击了更多西班牙殖民地。他的行为被视为英国的隐藏政策，目的是通过尽可能毁坏基础设施来打击西班牙在该地区的主导地位。同年后期，迈宁斯又把海盗们召回到船上，向他们许诺能够打劫更多的船。这一次，迈宁斯背后的支持者是新总督，温莎勋爵。

迈宁斯和海盗手下对南美洲城市的洗劫给当地居民带来了混乱和毁灭性打击

决胜一瞬

迈宁斯的遗产

迈宁斯成功地将当时最大的几艘海盗船组织起来，集结了 14 艘船和 1400 名海盗，洗劫了坎佩切州圣弗朗西斯科。撇去他在法律上造成的问题不说，这件事体现出他对于英国政府和加勒比地区海盗的巨大影响力。

1663年

他在权力鼎盛时期，可以无缘无故就血洗整个城市。

他对古巴第二大城市圣地亚哥（Santiago de Cuba），发动了一次袭击，尽管该城的防御措施极其严密，他依然成功洗劫了该城市，这吸引了加勒比各地的海盗，他们都想加入迈宁斯在 1663 年攻占墨西哥坎佩切州（Campeche）圣弗朗西斯科的任务，而这次任务中他们确实抢到了一笔巨额赃物。在这次袭击中，迈宁斯受伤，所以回到英国疗伤。后来的几年，他仍旧出海，在第二次英荷战争（1665—1667 年）中担任海军中将，甚至还因此获得骑士身份。

这位前海盗最终在“四日海战”（Four Days' Battle，1666 年 4 月 11—14 日）中战败。在这场历史上持续时间最长的海战中，迈宁斯身中两枪，一颗子弹穿过了他的脸颊，另一颗穿过肩膀。他最终在当年 8 月死于枪伤。

虽然他被封为骑士，还是战争英雄，但他无情、可怖的海盗名声才是流传最久远的那一个。

亨利·摩根

布加尼埃海盗中的佼佼者

不管他是英雄还是恶棍，是忠诚的臣子还是嗜血的寻宝猎人，亨利·摩根的一生都是英勇无畏、多姿多彩的。

亚历山大·埃科斯奎梅林的《美洲海盗》的英文版于1686年发行时，亨利·摩根勃然大怒。在此书中，他被刻画成一名海盗，他因此起诉作者诽谤。这次诉讼在庭外解决，起诉一方获得大笔赔偿，因为严格来说摩根是一名私掠者，并非真正的海盗，而且他曾受英国驻牙买加总督之命，与西班牙王室作战。他于1688年因酗酒引发的炎症死于牙买加的庄园，当地指挥官为他举行了国葬。亨利·摩根被认为是最厉害的布加尼埃海盗。史实也倾向于认同这种观点。

这方面的证据是充足并且确凿的。摩根率军队于1654年出海行至加勒比海域，执行奥利弗·克伦威尔的“西进计划”，成功入侵牙买加。而且摩根占据这块地方后，能对西班牙船只起到威慑作用。摩根在这一时期发起了好几次劫掠行动，包括1663年洗劫墨西哥的比亚埃尔莫萨（Villahermosa）和尼加拉瓜的格拉纳达（Gran Granada），也以此证明自己是一名称职的船长以及战争领袖。32岁时，他被选为海岸兄弟会的舰队司令。

5年后，他的名气更大了，因为1668年他领导了那次著名的“贝略港袭击”。该港口位于巴拿马，是隶属于西班牙的一个贸易港口。这个港口是西班牙用来运转从秘鲁获得的财物的地方，即走海路将财宝运回西班牙国内。这次攻陷贝略港不仅说明摩根在战术上具有敏锐直觉，也说明他行为大胆、行事狠毒。

当时共有两座守卫贝略港的城堡，分别位于海湾的两端。摩根不想让船只冒太大风险，他从海陆两条线发起进攻，先把由12艘船组成的船队开到博卡斯德尔托罗省（Bocas del Toro）的海湾处，再将500人转移到从古巴抢来的木舟上。他们在夜色中划水，在距目标4.8千米处登陆，在黑暗的掩盖下前进，恰好在黎明前到达了贝略港。他们的掩护在城市外围被一个西班牙瞭望哨识破，发生了一场小规模战斗，但他们最后还是攻其不备，拿下了驻守部队。

摩根的手下兵分两路，其中一队将当地居民赶到一座教堂里，另一队则主攻守护海湾的堡垒。最近的一座

摩根获得了海岸兄弟会的舰队司令的称号

决胜一瞬

西进计划

在奥利弗·克伦威尔这项攻占西班牙在西印度群岛重要领地的计划初期，因维纳布尔斯将军和海军司令佩恩带领的军队攻打伊斯帕尼奥拉岛失败而陷入僵局。然而，成功袭击牙买加，却是战略上的重要一步。这让像摩根这样的私掠者开始抢劫西班牙船只。

1654年

叫做圣地亚哥堡，一共有 80 人。这个堡垒看起来牢不可破，围满了大炮（但袭击的人并不知道很多炮都无法使用）。然而摩根却盘算着其他事，他有个既狡猾又残忍的想法。

他进入教堂，把市长和几个市民拖出来，其中也有几个修道士和修女。他把他们作为肉盾，强迫他们走在他和其他海盗前面，朝着堡垒前进。守卫军朝他们开炮，杀死了摩根的一名手下，也打伤了几个市民。大炮消停下来，而袭击的海盗们很快就来到了堡垒的脚下。就在西班牙人惊恐万分地看着这群奇装异服的入侵者气势汹汹地走来时，另一队海盗来到了堡垒临海的一面，开始沿着墙攀爬。堡垒攻守战开始了，西班牙人英勇迎战，超过半数战死之后，他们投降了。

第二天，摩根又把目标对准了海湾另一端的堡垒，圣菲利佩堡，并且很快就得手。然后他在城里升起了英国旗帜，让他的船队驶进海湾。刚把城市攻陷，摩根和手下就开始了洗劫。埃科斯奎梅林，这位一直对摩根这位前领导持有偏见的随船医生兼海盗，详细记录了摩根的罪行。他声称摩根为了找到妇女的藏钱处而折磨她们。虽然很多人认为埃科斯奎梅林夸大了摩根的罪行，但的确存在一些相应的证据。讽刺的

决胜一瞬

伦敦的囚犯

虽然为了平息巴拿马被劫所造成的西班牙的愤怒，摩根被逮捕并送回伦敦，摩根在英国社会的地位已经很明显了。他停留在伦敦期间，接待他用的都是最好的会客厅，并且他从未受到过监禁。他确实见过查理二世，但那是为了接受爵位。

1672—1674年

1669 年，摩根攻打委内瑞拉城市马拉开波，标志着他越来越肆无忌惮

摩根洗劫巴拿马城的事件激发艺术家艾伦·特鲁（Allen True）创作了这幅血腥的画作

是，埃斯科奎梅林实际上夸大了摩根的形象。不管他的品行如何，少有人质疑摩根的勇气或他的战术。攻陷贝略港成为了17世纪最大胆的一次海陆两栖战术。摩根寄了一封信给巴拿马总统，索要35万比索，如果拒绝，他会把贝略港烧为平地。经过一番长时间的讨价还价，他收到了约10万比索，加上他从城里掳来的赃物，当时他手里的财富价值约为25万比索，随后他便回到牙买加。有人称他夸大了这个数目，但后来海事法庭却对这笔财产印象深刻，宣称贝略港赃物的数目大到足以让人负法律责任（a legally accountable prize）。

据埃斯科奎梅林记载，回到牙买加，摩根和手下便开始纵酒狂欢，很快就将钱花光，不久后手下就催促他再干一票。1668年10月，他从伊斯帕尼奥拉岛起航，去见一些法国海盗和牙买加总督捐赠的装有34门炮的皇家海军战舰牛津号（HMS Oxford）。

摩根这次的目标是物资丰富的西班牙货运港卡塔赫纳（Cartagena），而且他掌管着一支由10艘船组成的船队和800名海盗，这样的条件看起来是胜券在握了。可是，在摩根转移到牛津号上以后，一切都不对劲了。掳劫之前，船上开了一场闹哄哄的聚会，有人点燃了弹药库。船被炸成了碎片。200名强壮的船员中，只有10人在爆炸中幸存，摩根就是其中之一。

牛津号被炸毁迫使摩根改变计划，于是他换了一个目标，驶向委内瑞拉海岸城市马拉开波，结果轻而易举就攻下了该城。埃斯科奎梅林再一次记载了摩根为了搜刮钱财、取悦自己而折磨他人的劣迹。摩根洗劫马拉开波的事情传到了西班牙西印度群岛舰队司令那里，于是司令派出三艘战舰围剿这个还在忙着抢劫的海盗。但是狡猾的摩根又一次成功了，他将一艘夺来的船驶向西班牙的旗舰，将两艘船都炸毁了。

到这时，摩根已经臭名昭著，但他并没收手。1670年10月，他带领有史以来最大的海盗船队——总计30艘船和1200名海盗——前往巴拿马。这是西班牙在太平洋沿岸最大的货运港口。为了攻破查格雷斯河（the Chagres River）入口处的堡垒，双方进行了一场激烈的战斗，随后摩根先驶向上游，再将手下转移到木舟上，最后再步行。

1671 年 1 月 28 日，摩根和手下向巴拿马外围朝着由西班牙 1200 名步兵和 400 名骑兵驻守的平原前进。不过，和摩根的好战军团相比，这些士兵没什么经验，根本不是他们的对手。西班牙人开了几个烂炮，接着就因受到摩根一方冲锋在前的狙击手和法国火枪手的猛烈攻击，而被击溃。骑士军团很快就乱了阵脚，纷纷逃离，置步兵团于不顾。守方在这次入侵中损失了 400 多人，而海盗只损失了 15 人。

西班牙人清楚他们很可能被打败，于是制订了应急计划，在战争开始前将大部分宝藏转移到了船上。正在撤离的兵团还收到指令，如果防御失败，就放火烧掉整座城市。城里的居民再次受到海盗的折磨，被要求提供财宝的藏地。据摩根本人称，这次只抢到了 3 万英镑，也就是说每个人只抢到了 15 英镑。摩根的手下非常愤怒，抱怨摩根分给他们的钱财太少。摩根担心自己的安全受到威胁，于是逃回了牙买加。

巴拿马陷落的消息传遍了牙买加，尽管这明显违背了 1670 年签订的《马德里条约》（*the Treaty of Madrid*）。牙买加总督在这件事发生之后才收到签订《马德里条约》的消息，但为了平息西班牙的愤怒，总督和摩根两人都需要接受惩罚。摩根被逮捕并被遣返英国，但他从未进过监牢，反而依然以自由之身在伦敦生活。

☠ 决胜一瞬 ☠

牙买加副总督

带着爵位，他与新总督沃恩勋爵回到了牙买加。然而，这两人相处并不愉快，后者总是抱怨前者喜欢纵情酒色。即便如此，摩根在担任代理总督的一段时期内加强了牙买加岛的防御工程，这显示出他非凡的军事才能，因而证明了他的价值。

1674—1682年

伴随着歌颂摩根丰功伟绩的雕像建立起来的还有他的恶名

西班牙人开了几个烂炮，接着就因受到大量进攻而被击溃。

1674 年，摩根因效忠王室而被查理二世（Charles II）授予爵位，并以副总督的身份返回牙买加。在那里他过着极度富裕的生活，拥有超过 6000 英亩[1]的种植园。1682 年，他被免去职位，6 年后死于纵情声色引发的疾病。即使已经死去，他的英勇事迹，以及埃科斯奎梅林描述的那些恶行，都让他永远成为了海盗历史中不可磨灭的一页。

① 1 英亩约等于 0.004 平方千米。

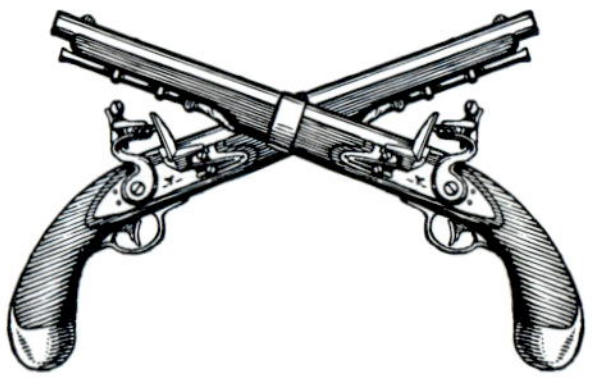

丹尼尔·蒙巴斯

“终结者”

对西班牙人的极端仇恨让来自法国朗格多克省的丹尼尔·蒙巴斯成了史上最邪恶、最凶残的海盗。

某些海盗并没有传说中那样传奇。时间的迷雾模糊了历史真相，将它变成夸张的传说。谣言和道听途说降低了史实的精确度。某些人的形象不断地经过夸大，当时的人写下相关记录，故事就这样一代一代传下来。但只要仔细去审视，就会发现英勇无畏的故事就像一个涟漪，背后都是虚无，仿佛池塘里的倒影。传说让人看到伟大的假象，这种假象可以不受任何质疑，延续很长时间。一些海盗的确名副其实，担得起他令人闻风丧胆的名声；一些海盗的确积累了大量财富，宁愿挥霍得精光也不愿意将其埋葬。但很多海盗的形象都是作家和历史学家夸大其实的产物。

丹尼尔·蒙巴斯（1645—约1707）是一名以摧毁西班牙的一切为目标，在西印度群岛活动的法国海盗，他就是一个名副其实的、度过了传奇一生的海盗。作为一名残忍的布加尼埃海盗，他喜欢发明一些稀奇古怪而又可怕的酷刑来折磨和杀死敌人。现如今，电影和书籍总爱美化海盗的海上生活，但不要忘记，海盗本质上是一群残忍的人，当他们需要的时候，他们会采取一些令人作呕的野蛮行为。他们的生活不像埃罗尔·弗林[1]（Errol Flynn）在电影里演的一样。

因战争而滞留下来的西班牙水手和要塞守卫兵，不管他们在海上还是陆地，听闻“蒙巴斯”的大名，一定会感到害怕。丹尼尔·蒙巴斯船长一心想要向他的宿敌报不共戴天之仇，对于居住在各西班牙领地的人来说，他就像是刺破船只的荆棘，帽檐上的一只虫，或者是美酒旁边的一只黄蜂，几十年来不断骚扰、恐吓着他们。

蒙巴斯喜欢用漫长而痛苦的方式折磨敌人至死。这正是蒙巴斯想要达到的效果。这种惩罚代表一种羞辱，犯人必须去承受。

① 澳大利亚电影演员，曾在1935年美国电影《铁血船长》（*Captain Blood*）中饰演海盗船长彼得·布拉德。——译者注

☠ 决胜一瞬 ☠

对抗西班牙人

加入法国皇家海军后，蒙巴斯从勒阿弗尔起航。他与叔叔一起入伍，前往多米尼加共和国的圣多明哥（Santo Domingo），参与了两次对抗西班牙人的海战。他的叔叔就是在这里被杀死的，蒙巴斯对西班牙人的仇恨不断加深，进一步促使他选择了后面的人生道路。

1667年

传说中，蒙巴斯对西班牙人的仇恨来自于西班牙征服者残忍对待中南美洲人的故事

据说，蒙巴斯把他的宝藏埋在了圣巴泰勒米岛的昂斯加弗努尔岛（Anse du Gouverneur）

如果有谁能被称之为疯狂癫邪，他一定是朗格多克的丹尼尔·蒙巴斯，西班牙大陆美洲的祸根。他的暴力手段让他获得了一个伴随一生的称号——“终结者蒙巴斯”。如果一个人不幸遇到了蒙巴斯，并且他是代表西班牙战斗，那么他的结局真的会很悲惨。

☠ 决胜一瞬 ☠

恐吓西班牙大陆美洲

蒙巴斯在加勒比海和墨西哥湾地区游荡，恐吓着西班牙大陆及美洲。在这期间，他抢劫了哥伦比亚、洪都拉斯、墨西哥和委内瑞拉的一些海滨城市。他的名声逐渐传开，他的形象不仅仅是一名普通的凶残海盗，还是一个花样百出的虐待狂。

17世纪70年代—1707年

蒙巴斯从法国南部的朗格多克出航，那里本身就是一个拥有血腥历史的地方，它是中世纪“纯洁派”（Cathar，又称卡特里派）异教徒的兴起之地，这个派别在某段时期被视作天主教和教会权威的主要威胁。朗格多克地区的纯洁派起先非常兴盛，在一次又一次大屠杀后，连带各个分支教派都遭到铲除，也就是经历了所谓的阿尔比十字军（Albigensian Crusade）的讨伐。蒙巴斯在一个富裕家庭长大，从小接受绅士教育，而在阅读西班牙征服者征服美洲新大陆的故事时，他逐渐发展出对西班牙人的厌恶。这个说法到底有几分真实已经不得而知，但他对西班牙人的所作所为的确证明了他对伊比利亚半岛上的邻居们极度厌恶，而且他从没停止过打劫西班牙船只，有时候是在英国的港口——因为在某些特殊时刻，英国对攻击西班牙船只是持默许态度的。

1667 年告别法国后，蒙巴斯作为见习军官加入了法国皇家海军，从法国北部港口勒阿弗尔（Le Havre）出发，意图在遍布海盗的加勒比海和美

蒙巴斯决定成为一名海盗，向所有的西班牙人复仇。

洲地区与西班牙人决战。加勒比海在世界的另一端，在很多欧洲人眼中一定是人间天堂，但蒙巴斯却混迹于针对西班牙海军的大大小小的战场。有一则史料描述了这名法国海盗如何英勇无畏地向前进，又是如何在战败的敌军面前喜笑颜开：“蒙巴斯带领手下冲上敌船甲板，造成数人死伤；对方投降，战斗结束后，他唯一的乐趣似乎不在于船上的财宝有多少，而是数出船上有多少西班牙人丧命，他和西班牙人结下了深仇大恨，而且他恨了他们一辈子。”

所以蒙巴斯是如何屡次骚扰西班牙人，又屡次逃脱的？这一地区独特的地形和动荡的政治环境——各帝国间的激烈对峙——是主要原因。埃科斯奎梅林，这位著有《美洲海盗》（1678）这一先驱作品的作家曾是一名与亨利·摩根船长共事过的海盗。他详细分析道，因为加勒比地区有很多隐蔽的海湾、充足的食物和淡水资源，并且埋藏着许多财富，所以对海盗特别有吸引力。“这里有太多无人小岛或群岛，在海湾处理船只也相当安全和方便，蕴含着大量的补给：我指的是淡水、海鸟、海龟、贝壳以及其他鱼类。”他进一步谈到了更大的吸引力，“海盗选择这片海域的另一个原因还在于法国、西班牙、荷兰，特别是英国的商船贸易规模巨大。海盗们笃信，在这片贸易蒸蒸日上的区域，他们多少能捞到一些赃物，例如衣物、航海物资等，有时候甚至是金钱。”

蒙巴斯的一位叔叔陪伴他来到加勒比海地区后，死在了西班牙人手里，这件事发生后，他成为了一名海盗。据记载，敬爱的叔叔意外去世时，蒙巴斯在伊斯帕尼奥拉岛的岸上，还在帮法国海盗偷袭西班牙骑士。悲痛过后，蒙巴斯决定成为一名全职海盗，向殖民地所有的西班牙人复仇。这个故事是否又属于凶残的蒙巴斯生平传奇中杜撰的部分？或许是这样，但是蒙巴斯的确加入了海岸兄弟会，召集了将近 1000 人，开出 15 艘船，去夺取西班牙人在马拉开波上的领地。

蒙巴斯也在哥伦比亚、墨西哥、洪都拉斯和委内瑞拉留下了足迹，威胁着整个西属美洲。但不久前，他们才好不容易摆脱另一个法国人带来的威胁。在蒙巴斯开始这项赚钱的行当前，他们就在应付“西班牙的祸害”——法兰索瓦·罗罗内，他是另一个以手段残忍而著称的布加尼埃海盗（他死于 1668 年，被食人族分食）。

整个海盗生涯里，蒙巴斯只关注西班牙人。可以说他是“西班牙的祸害二世”。围攻马拉开波是他最凶猛

决胜一瞬

命丧大海?

1707 年左右，蒙巴斯在历史上销声匿迹。据说因为船在风暴中失事，他溺死在海里。但从这以后，许多海盗的传说和秘密宝藏的故事就流传开来。而且很多故事是围绕托尔图加岛展开的。那么蒙巴斯到底有没有把他的财宝埋在大赛林（Grand Saline）或昂斯加弗努尔岛呢?

约1707年

也最著名的事迹。真正的战斗实际上仅仅持续了几个小时，当地民众和堡垒守卫军为躲避追捕而逃往山区之前，已经布好了防线。逃离时，他们还带走了所有的金银财宝。蒙巴斯不太满意，于是命令手下一直追到山脚。他还折磨了那些人，直到他们愿意交出钱财。

一艘西班牙船只登陆并堵住去路后，蒙巴斯决定要做两件事。首先，他要劫持整座城市，索要 2000 克朗，否则就把这块地方烧成灰烬；第二，蒙巴斯知道他和手下可能会在战斗中被打败，如果他们能够幸存，也会被送上绞刑架。于是他想出一个声东击西的战术：他开出一艘火船，正如字面意思所示，这艘船上载满了易燃物，可以故意造成破坏，让西班牙人陷入混乱。这个计划成功了，蒙巴斯顺利在混乱中逃脱。这样的故事总有几分传奇色彩。比如据说战斗中有个人，已经被逼到墙角了，结果他挖了个洞逃了出去，笑到了最后。

蒙巴斯戴着头骨胸针，帽子上别着腿骨，这幅恐怖的海盗版画来自 19 世纪画匠勒内·雷斯卡隆（René Rescalon）

后来蒙巴斯从历史中销声匿迹，仿佛他只是存在于人们想象中的一个幻影。某天他死于出海时的一场风暴，连人带船沉入海中，永远待在了“戴维·琼斯的柜子”里，留给历史书的只有那些埋入土里的财宝和一个恶名——“终结者蒙巴斯”。一般人们认为他消失的年份是 1707 年。

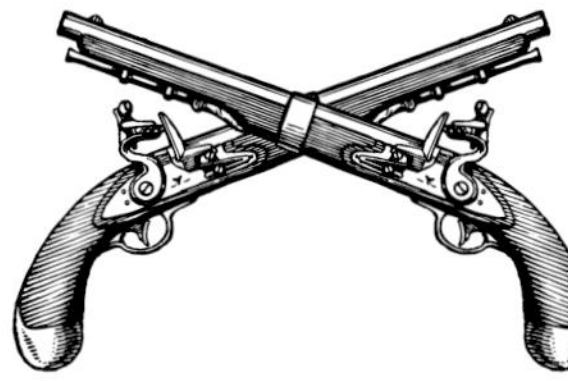

法兰索瓦·罗罗内

最残暴的海盗

敌人宁愿死也不愿落在这个有史以来最可怕的海盗手里。

在法兰索瓦·罗罗内的一生中，他只表现出两个爱好。第一是喜欢搜刮大量财宝，第二则是爱给挡他道的人最痛苦的折磨。作为历史上最臭名昭著的海盗，折磨别人就是他的工作，也是他最纯粹的爱好。他擅长此道，的确让那些受害者尝尽了苦头，但另一方面这又让他赢得了其他海盗的尊敬甚至是敬畏。

法兰索瓦本名尚·大卫·诺（Jean David Nau），大约于1635年出生在法国海边的雷萨布勒多洛讷（Les Sables-d’Olonne）。罗罗内在成长过程中逐步显现出贪婪、残忍而又野心勃勃的特质。1650年代，他曾作为一名契约仆役去往加勒比海域的马提尼克岛，但契约到期后，他重获自由身，搬去了伊斯帕尼奥拉岛。在那里他加入了海盗团伙，袭击了一波又一波的西班牙船只，在临海城镇打劫掳掠。他名声渐起，但不是作为一名成功的海盗，而是作为一个冷酷无情的敌人。在头几次出海中，罗罗内的确表现得非常无情。他和手下海盗截获了很多艘载满来自西印度群岛和西班牙美洲殖民地地区货物的船只，搜刮到了大量财富和赃物，因此他在北大西洋海域很快变得人尽皆知。据说，西班牙人宁愿死也不愿向他投降，这让他获得了托尔图加岛总督的敬仰。托尔图加岛是位于加勒比海地区海地西北海岸附近的一个岛屿，也是著名的海盗窝点。

托尔图加总督给了罗罗内一艘小船上的司令职位，准许他出海搜刮财富。他和手下最后瞄准了古巴的一个小村庄。虽然渔民发现了他们并且拉响了警报，当地居民也请求哈瓦那总督提供援助，这群海盗还是打败了一艘前来救援的装备精良的船，迫使西班牙人投降。

然后，他们就看到了罗罗内到底有多凶残。他一个接一个地吊死了他的敌人。他甚至还注意到了一个曾经和西班牙人一道出行、奉命处决所有海盗的刽子手。罗罗内意外地没有先杀死他，而是把他带到了哈瓦那。吓得发抖的刽子手为了让他饶过自己，供出了这些海盗的信息。但是罗罗内听完并且做好笔记后，就把他的头砍掉了。只有一个人被他放生，被送回总督那里，还带着一张令人不寒而栗的字条。上面写道：“我绝不会放过任何一个西班牙人；并且我要以牙还

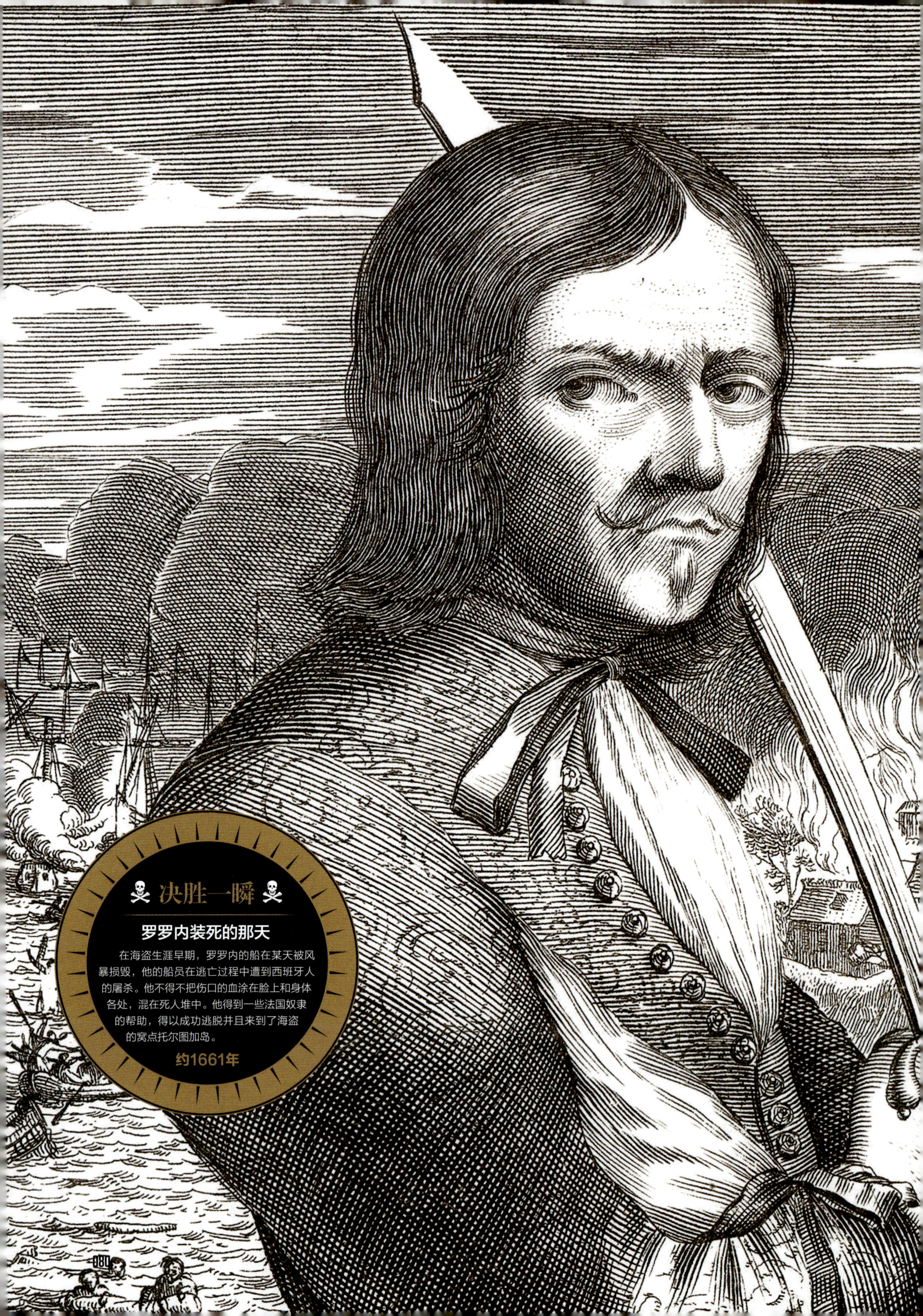

决胜一瞬

罗罗内装死的那天

在海盗生涯早期，罗罗内的船在某天被风暴损毁，他的船员在逃亡过程中遭到西班牙人的屠杀。他不得不把伤口的血涂在脸上和身体各处，混在死人堆中。他得到一些法国奴隶的帮助，得以成功逃脱并且来到了海盗的窝点托尔图加岛。

约1661年

牙，你们是如何对待我的人的，我就用同样的方式处决你。这样我才能回敬你对我和我兄弟的善意。”这位总督理所当然地害怕了。

但这对于罗罗内来说还不够。受到一系列满载而归的成功打劫的鼓舞，他对另一些更大的目标打起了主意。他决定去洗劫马拉开波城，而此前在马拉开波他已经伏击过一艘大船，当时他就站在漂浮在海面上 8 艘船中的 1 艘上，烈日炎炎，周围是他 400 多名忠心耿耿的手下。

他期望搜刮到大量财富和秘密资源。并且他还受到了另一名成功海盗米歇尔·巴斯科的鼓动，这个人当时已经过上了舒适的生活。虽然巴斯科本身不打算再度出海，但他被罗罗内精心的策划所打动，于是给了他一些人手和经验指导，告诉他如何能大量敛财。最终，罗罗内一共召集了 600 多名海盗。不久后，他们就迎来了第一次胜利。出海几个月后，罗罗内就注意到了一艘从波多黎各驶向新西班牙[1]的船。这是 1521 年西班牙征服阿兹特克王朝（Aztec Empire）后所建立的。他命令除了自己所在那艘船外，其他的船都退后，他与该船单独会面，与船上的西班牙人展开了长达 3 小时的激烈交战。随后罗罗内取得胜利，敌人投降，他抢得了大量的可可豆，4 万枚西班牙银圆以及大量极其昂贵的珠宝。

自此以后，马拉开波人十分害怕他。起初，他的目标是坚不可摧的圣卡洛斯巴拉堡垒，这个堡垒由 16 门大炮镇守。他们拿着手枪和长剑，杀死了一群试图阻止他们的人，然后堡垒被摧毁，他们放火点燃了堡垒，在火光中他们朝城区前进。他们乘坐小舟，不断接近，成功躲避了一艘前来阻止的船只的火攻，继续向城区走。到这时，绝大部分居民都已经带上财物逃走了，但他们留下了充足的食物，足够海盗们大开宴席了。而且海盗们还可以搜刮他们的屋子。

罗罗内展现出来的领导才能进一步让他为人熟知，巩固了他的声誉，他命令 160 名海盗去树林里搜捕那些逃走的居民。根据亚历山大·埃斯科奎梅林在《美洲海盗》一书中对罗罗内洗劫马拉开波事件的记载，他们带回了“两万枚银圆，几只驮着居民财产和货物的驴子，还有 20 个俘虏”。其中一些俘虏在拷问台上受到了非人的折磨，被追问财物到底藏在哪里。如果他们拒不回答，罗罗内就当着其他犯人的面，拿出弯刀把这个可怜的人处决掉。

这样做似乎挺有成效。其中一个俘虏表示他愿意带海盗去宝藏藏地，

决胜一瞬

食心

如果还有任何人怀疑罗罗内不像传说中那般残暴，那么罗罗内在去往圣佩德罗时与一群西班牙人相遇的事可以使他打消这个疑虑。这群西班牙人不愿意告诉他安全的航线，于是他剖开其中一人的胸腔，挖出他的心脏，拿着心脏咀嚼起来。“如果你们不告诉我，我也会这样对待你们。”他这样对其他人说。

约1666年

---

① 新西班牙：16—19 世纪西班牙殖民地国家的总称。——译者注

不过逃跑的居民害怕被海盗发现，已经将宝藏转移。所以经过两个星期的烧杀劫掠后，海盗们最后决定前往直布罗陀城，他们认为马拉开波人就藏在那里。当地总督听到这个风声，于是算准时机，派出 400 人前去等候。他还要求当地人拿起武器加入战斗。

罗罗内衡量着这种局面。他和其他海盗都认为很有可能在直布罗陀大捞一笔，直接放弃太过可惜，于是他们带着弯刀和手枪朝该城出发了。中途，他命令海盗们逃跑，于是西班牙人开始追捕他们。然后海盗们又返回，杀死了这些追捕的人。他们攻陷了直布罗陀，搜刮到了许多赃物。有些女性俘虏受到凌辱，而其他俘虏则被施以酷刑。很多俘虏死于饥饿与疾病，但罗罗内毫不在意——钱财才是最重要的。一个月后，他派出 4 名俘虏代表海盗前去索要赎金。他们说，如果总督不付一大笔赎金，他们就把城市烧成灰烬。几天后，大火在城里熊熊燃烧，海盗们带着财宝和奴隶离开，中途又停靠在马拉开波继续抢劫。

回到托尔图加的途中，罗罗内和手下享受了英雄般的待遇，但赃物很快就被挥霍完了，所以他们又再度开

作为历史上最臭名昭著的海盗，折磨别人就是他的工作，也是他最纯粹的爱好。

罗罗内在洗劫城市的时候，也会折磨和拷问居民，让他们说出财宝和货物的地点

这幅版画上展现出罗罗内的凶暴和残忍

始了打劫的征程。罗罗内与往常别无二致，展现出他毫无人性的本质，残酷地折磨他的俘虏。如果俘虏不透露消息，他就会不断折磨他们。一旦西班牙人回答了他的问题，他就把他们杀死。

但他不可能完全逍遥法外。就在罗罗内的船驶近洪都拉斯海湾的拉普埃尔塔岛时，由于触礁，他和手下不得不放弃之前的船，而要造一艘足以容纳一半人手的大船，好帮助他们驶离海岸。但这要花上一些时间，而他们碰上了巴拿马达连湾的库那族。这群人把他捉住，砍掉了他的手和腿，并且焚烧了他的尸体，将他的骨灰抛撒在空中。据埃斯科奎梅林记载，他们这样做，“是为了让这样一个臭名昭著、毫无人性的人死后，不会留下任何痕迹或记忆”。到此时，罗罗内的海盗生涯才确凿无疑地结束了。

决胜一瞬

袭击直布罗陀

罗罗内和手下决定向直布罗陀进军时，就知道这个地方不好对付。但罗罗内看到了胜利背后的丰厚回报，相信如果这次胜利，一定会赢得更多财富。不管发生什么，只要有手下表现出害怕，他就会警告对方，也对其他人说：“我会亲自用手里的枪把你杀了。”

约1666年

黄金海盗航线

海盗在最繁华的贸易航线上狩猎，从印度通往加勒比地区的海路即是所谓的黄金海盗航线。

通往财富的海路

黄金海盗航线只存在了一段时期，但某些海盗在这条航线上收获了有史以来最多的财富。

1693 年 1 月，自从托马斯 · 图要求手下开辟一条去往好望角的航线的那一天起，他就不仅仅是一个私掠者了，他成为了史上最有头脑的海盗。图也许并不想和海盗扯上关系，不过当他的手下对于在西非地区夺取法属财产，以便在印度洋和阿拉伯海域获得更多财富这件事大呼同意，并要他不要太过在乎时，他的人手开始增多，他开启了一个海盗的新时代。

在图决定开辟新航线之前，海盗行为主要在加勒比海地区肆虐。一般海盗的背后都有欧洲强国撑腰，给他们开具许可书。他们倾向于攻击西班牙船只，在海中截获它们，抢夺大量赃物。对于西班牙的敌国来说，这是把西班牙拖进一场无须亲自参与的傀儡战争的办法，但这并非长久之计。

西班牙势力逐渐萎缩，政府层面开始达成和解。加勒比地区的海盗的发财机会却因此变得越来越少。图当时面临着一个去往非洲的危险任务，但他觉得在别处有更大、更容易对付的目标。他之前听说过在印度洋海域有很多艘载满丝绸和香料的船，他相信此刻就是从中找一个目标下手的好时机。更好的消息是，他听说这些船根本没有防御，让这个任务听上去更加诱人了。

海军追捕海盗到了他们藏匿的小岛

他从百慕大出发，带着手下绕过好望角，沿着东非海岸行驶，前往红海。他们攻陷了来自印度莫卧儿王朝的旗舰，发现这是最容易抢劫的一艘船。旗舰上的300名船员没有死守船上的大量黄金、香料、象牙、丝绸以及珠宝，而是决定避免参战。因此，图和手下一共搜刮了价值10万英镑左右的赃物。

图和手下一到马达加斯加岛附近的布拉哈岛（Île Sainte-Marie）就瓜分了赃物，而这个消息不久后就传开了。他们每人分到了价值至少1200镑的赃物——一笔足以改变人生的钱。这足以鼓动其他海盗效仿图踏上同一条航线了。图选择的这一条航线被称为“海盗航线”，所有沿着这条航线行进的海盗被称为“航行者”。大量在英国和印度间往来的东印度公司船只成为了他们的主要攻击对象。

海盗航线因此成为一条潜力巨大的航线，它能变成一个令众海盗膜拜的神圣航线要归功于另一个海盗：亨利·埃弗里。1695年，图再次出海，打算抢劫一艘穆斯林船只，但这次他却遇到了顽强抵抗，他甚至因此丧命。埃弗里当时也在场，指挥着他装有46门炮的幻想号和150名船员。用这样的条件，他攻取了法塔赫·穆罕默德号，劫走了4万镑的黄金和白银。但后续的行动才是真正的巨大收获。与甘吉沙瓦号激战过后，他抢到了价值高达52.5万英镑的巨额赃物。从没有海盗能抢到这么多的赃物。

就这样，许许多多的海盗船长都嗅到了财富的气息，想要大捞一笔，纷纷派出了自己的人马。海盗通常从美洲大西洋沿岸的某个港口出发，这通常取决于他们的大本营在哪里，可能是纽约、波士顿、费城、罗德岛或者百慕大。出发后一路向东南方向航行，经由马德拉群岛（Madeira）来到非洲海岸，绕过好望角，向北沿海岸去往马达加斯加、毛里求斯或留尼旺（Réunion）。他们出海也得到了大本营的充分支持。

美洲沿海港口的居民对这些海盗的确非常顺从。不过主要原因是这些居民本身也非善类，当时的纽约很小、很荒蛮，和今天我们所了解的纽约截然不同。因此，海盗对他们的每日生活来说很重要，可以带回财富、廉价的商品，还会做生意。他们乐于帮海盗保养和修缮船只，为海盗出海准备物资。

海盗们当然也欣然接受这种帮助，因为他们的黄金海盗航线比加勒比海地区的海盗打劫路线长得多。他们需要充足的物资和时间来修船，这样才能尽可能避免出海途中的危险，因为几个月的海上生活不仅单调无聊，食

许许多多的海盗船长都嗅到了财富的气息。

在莫卧儿王朝的麦加海域，前往朝圣的船只往来繁忙

物也非常糟糕，还有可能因为缺乏维生素 C 而患上坏血病。他们还面临着发高烧、坏疽和被逮住的危险，所以后勤支持至关重要。

海盗航线上的中转点也是一些大型的贸易港口。布加尼埃海盗亚当·巴尔德里奇（Adam Baldridge）就宣布布拉哈岛为他的大本营。这个岛的地理位置绝佳，它离从东印度群岛返回的船只使用的航线很近，而这些返航的船只通常载满了货物。巴尔德里奇可以为岛上的人提供物资，用赃物换取牛和食物，海盗们也喜欢这个隐蔽而安全的海湾。数百个海盗以此地为家，和平相处。很多人在这里成家，也在这个著名的海盗墓园入土。

另一个大本营由詹姆斯·普兰廷（James Plantain）在马达加斯加北部的兰特湾（Ranter Bey）创立。这个岛成为了海盗的主要据点，海盗们在袭击富裕的莫卧儿王朝船只时会先来这里稍做休息，然后再去往红海，袭击从印度孟买北部的苏拉特驶往沙特阿拉伯西海岸的麦加的船只。当他们带着赃物返回时，他们还会驶往马达加斯加东边，找找其他可以抢劫的船只，尽可能多地搜刮钱财。

这种简单直接的方式持续了很多年。海盗们清楚穆斯林圣徒每年都会去麦加朝圣，于是一直在直径 30.5 千米的这片

布拉哈岛海盗墓园中一名叫做约瑟夫·皮埃尔·勒沙尔捷的海盗的墓碑，上刻有头骨和交叉腿骨图案

著名的海盗之岛布拉哈岛上的海盗墓园中，至今还留存着大约 30 枚墓石

海域搜刮钱财。莫卧儿王朝自然对此很愤怒，迫使英国政府采取措施，要求英国东印度公司对海盗行为负责。英国枢密院和东印度公司宣布通辑亨利·埃弗里，赏金1000英镑。但海盗航线没有中断。实际上，即使是像威廉·基德这种被派去追捕埃弗里的私掠船船长，最后也成了海盗。他的堕落自他洗劫奎达商人号开始，奎达商人号的船长也是一名英国人，这导致基德最终被处决。

虽说如此，海盗航线的存在总体来说是比较短暂的。1697年，巴尔德里奇失去了他在马达加斯加的大本营，因为当地部落发现他将一群当地人卖为奴隶。而且往来船只也加强了防御，这意味着海盗们出海时面临着更多危险。1699年，托马斯·霍华德（Thomas Howard）截获了一艘在马达加斯加搁浅的船。而从1697年开始，亚伯拉罕·萨缪尔（Abraham Samuel）就是马达加斯加东南部一众海盗和安塔诺西人的首领。但真正使海盗航线走向没落的是西班牙王位继承战争。这场战争的起因是西班牙哈布斯堡王朝于1700年绝嗣，战争始于1701年，止于1714年，这为巴哈马群岛地区提供了许多机会，为海军成员实行抢劫提供了便利。法律上的支持意味着不会被逮捕。

直到1719年，海盗航线东山再起，但也只是延续了几年而已。像爱德华·英格兰（Edward England），奥利佛·莱维塞尔，克里斯托弗·康迪特（Christopher Condent），约翰·泰勒（John Taylor）等海盗就活跃在这一时期。1721年，勒布斯（奥利佛·莱维塞尔）和泰勒在留尼旺截获了卡布圣母号，抢走了本属于葡萄牙东印度公司的80万英镑的财宝。但这仅仅证明当时在航线上抢劫已经十分费力，也无法阻止印第安海盗在这里分一杯羹的意图。但无疑，只要航线存在，还是有利可图的。

被派去追捕埃弗里的威廉·基德，最后也成了海盗。

亨利·埃弗里在印度洋一次成功抢劫中转运财宝

海盗航线

寻迹托马斯·图和手下开创的著名海上线路。

美洲东北部

加拿大东部的渔场有很多渔夫和水手，夏天海盗在此停留时，会雇用他们为船只提供物资。

巴哈马群岛

拒绝接受特赦的布加尼埃海盗通常会逃到巴哈马群岛和百慕大隐蔽的海盗据点。

牙买加

某些改过自新、接受特赦的海盗被授予位于牙买加的 14 公顷土地。

海盗航线

“航行者”盯着这条航线，攻击来往于英国和印度之间的东印度公司船只。

① 1 公顷约等于 0.01 平方千米。

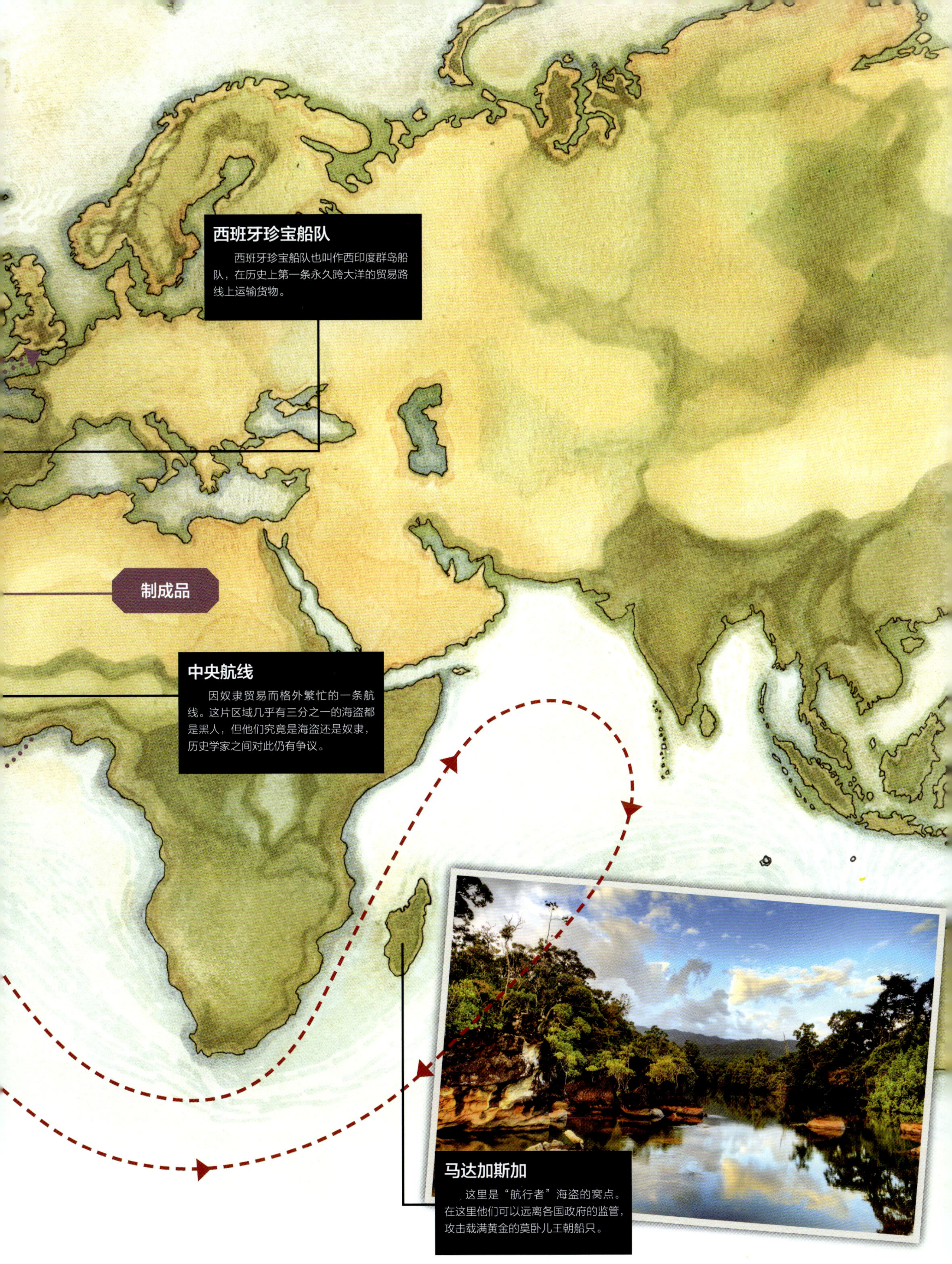

西班牙珍宝船队

西班牙珍宝船队也叫作西印度群岛船队，在历史上第一条永久跨大洋的贸易路线上运输货物。

中央航线

因奴隶贸易而格外繁忙的一条航线。这片区域几乎有三分之一的海盗都是黑人，但他们究竟是海盗还是奴隶，历史学家之间对此仍有争议。

马达加斯加

这里是“航行者”海盗的窝点。在这里他们可以远离各国政府的监管，攻击载满黄金的莫卧儿王朝船只。

决胜一瞬

图在百慕大着陆

图的早年生活，甚至是他的出生地点和时间，都少有人知。据说他出生在罗德岛的一个家庭。旅行家约翰·格罗夫斯（John Groves）曾于 1697 年向贸易与种植委员会（Council of Trade and Plantations）写信，说自己在 1682 年于牙买加看见过图，但 1691 年他在百慕大着陆才是更关键的时间点：他因此成为了一名出名的私掠船船长。

1691年

托马斯·图

海上“罗宾汉”

他在从未有人涉足的海域追逐最富裕的船只，将财富分给众人。

那是在 1692 年，船长托马斯·图站在一艘重达 70 吨，有 8 门舷梯的甲板上，看着他强壮的 46 名船员，炎热的阳光烧伤了他们的皮肤。他告诉他们远征的目标：前往冈比亚河，在那里他们要攻击戈里的一家法国工厂，但同时他却盘算着其他事情。尽管百慕大总督艾萨克·里希尔（Isaac Richier）派出图和船长乔治·迪尤（George Dew）的两艘船分别执行任务，但迪尤的桅顶在暴风雨中被摧毁。这意味着迪尤不得不返回修理，图和船员则需独自航行。他猜测，这为一个千载难逢的机会铺平了道路。

准备一次出海并不容易，即使是像图这样有经验的航海家也是如此。他此次的袭击是由一群渴望增加自己财富的私人团体委托和资助的，虽然他相信他多年的私掠者经验可以让他成功完成任务，但还是花了好几个月时间准备。带着官方授予的“私掠许可证”，他和迪尤从百慕大出发，但迪尤的遇难让他反思。他发现他所面临的危险似乎多过得到的报酬，他决定改变路线。这个决定不仅使他改变了目的地，而且改变了他整个职业生涯。

在那之前，图一直以私掠船船长的身份为傲，也就是法律允许的从事海上战争的人。他喜欢这种身份带给他的受尊重的感觉，并且讨厌被贴上海盗的标签。他争辩说，成为海盗不是让他将妻子和两个女儿留在罗得岛纽波特而自己在百慕大定居的原因。海盗在他眼中纯粹是一种违法犯罪行为，尽管实际上很多人是为了生计而不是贪婪才选择当海盗的。例如，1651 年颁布的航行法禁止大英帝国的殖民地与荷兰、西班牙、法国及其殖民地进行贸易。这扼杀了贸易，港口的水手们无事可做，只得坐在那里玩手指。

虽然迪尤不能与他同行，图还是坚定不移。根据 1724 年查尔斯·约翰逊船长在《海盗通史》（*A general History of the Pyrates*）中的记载，图认为抢劫法国财产对公众没有好处，只有利于

这幅画上，托马斯·图（左）在和纽约总督本·弗莱彻谈论他的战利品

这幅画描绘了托马斯·图成功攻击一艘来自印度的船的情景

在背后出资支持海盗行为的人。他觉得他和船员的英勇战斗不会得到公正的回报。

他没有去冈比亚并执行受法律保护的任务，而是问了手下是否愿意完成一次不那么危险的探险，这可能不仅让他们名声大振，还可以直接从中受益。他想让他们忘记任务，直接去当海盗。令他高兴的是，船员们大声说：“不管得到的是金链或是木腿，我们会和你站在一起！”他们是否真的说过这些话，永远不会被证实了，但这个故事无疑为图的海盗行为增添了戏剧效果。

船员选出了舵手——负责执行船长的决定并照顾船员利益。新的海盗团伙就这样成立了。他们前往南大西洋的好望角，转向连接红海和亚丁湾的曼德海峡。他们遇到了一艘从印度到阿拉伯半岛的富裕船只，图说服了他们，约 300 人留在船上，不加入战斗。他是对的。敌人投降了，海盗们拿走了金、银、象牙、香料、宝石和丝绸，他们共同分享了丰厚的战利品。舵手不赞成再攻击其他 5 艘船只，因此他们转而前往马达加斯加。

但图决定让他的船员进入未知的水域，这个决定让他们获得了估计价值超过 10 万英镑的财富，其中图得到了 8000 英镑。绅士的船长最终也分

决胜一瞬

迪尤的船遭到毁坏

图受令与迪尤共同去摧毁一家位于冈比亚河附近的法国工厂。他们出发后，一直共同航行，但一场风暴毁坏了迪尤的船，迫使他返航修船。这让图有机会鼓动手下成为海盗。

1692年

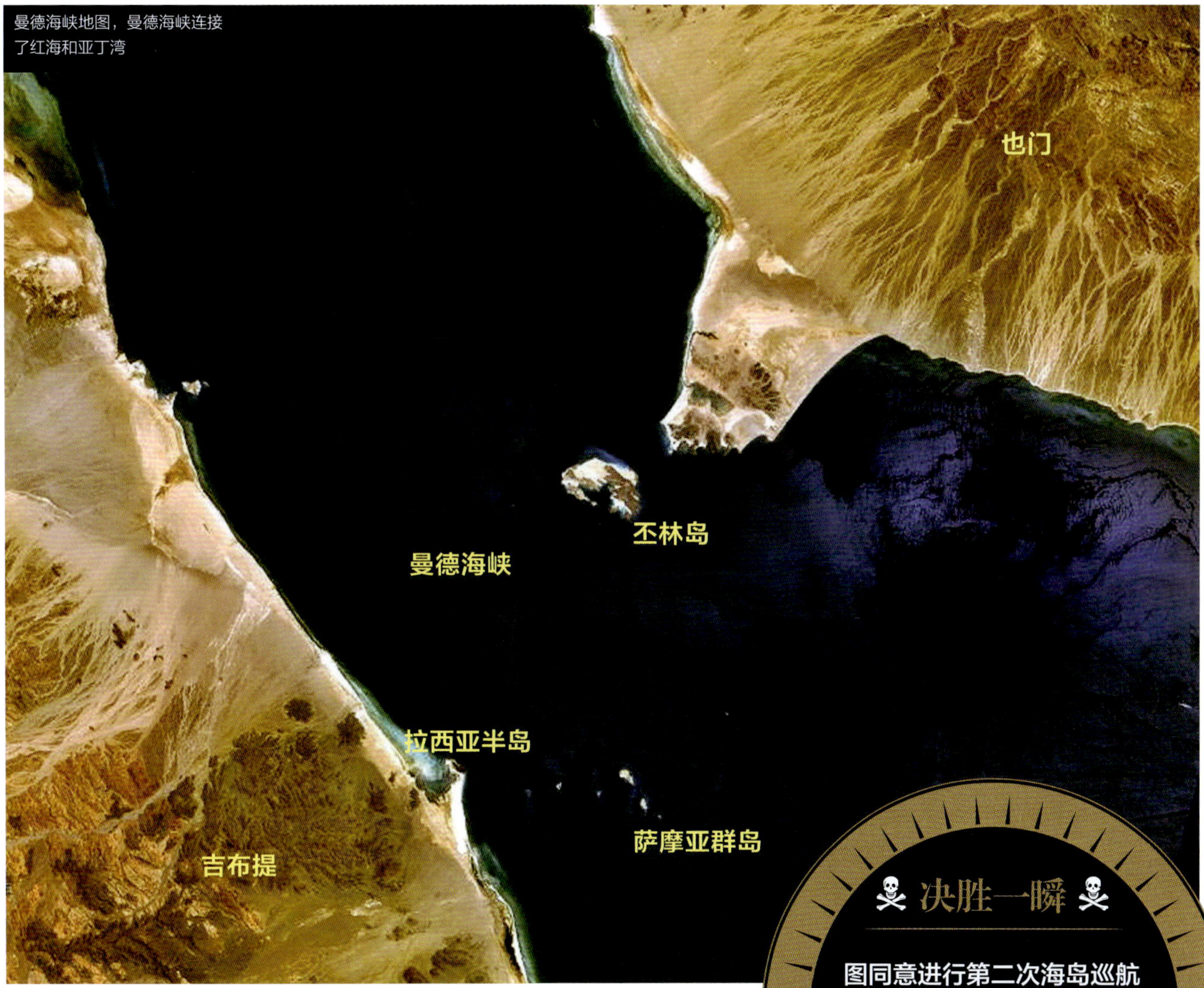

曼德海峡地图，曼德海峡连接了红海和亚丁湾

决胜一瞬

图同意进行第二次海岛巡航

图不想被看做海盗，于是去拜见了纽约总督本·弗莱彻，并说服他授予自己私掠许可。图在 1695 年出海，加入了亨利·埃弗里的船队。但对图来说，这次出海的结局是异常血腥的。

1695年

海盗们渴望获得宝藏，想把船占为己有。

给最初资助出海的那批人 5000 英镑，这是该船价值的 14 倍。不过，他们在马达加斯加产生了争执。舵手想要在那里定居，他发现圣玛丽岛拥有丰富的食物和资源。图给了那些想留下的人应得的赃物，而其余的人则回到罗德岛。在回来的路上，他们截获了一艘印度船，夺得了更多财富。他们越来越出名，并于 1694 年 4 月回到美国罗德岛。

图被当作名人对待，受到当权者的欢迎，见到他的人都要为他鼓掌。他让人们看到阿拉伯船只中蕴藏的致富机会，并且他与纽约州的皇家总督本杰明·弗莱彻（Benjamin Fletcher）成为了好友。尽管他现在想要一个安静而又远离航海的生活，但他的手下以及其他非常想与他一起探险的人，缠着他要求他再度出海。他们的动机很明显，但与图不同，许多船员已经花光了钱。最终，图心软了，并且计划乘亲善号进行第二次海盗巡航。最初有 40 人和他共同出行，而在他们到达马达加斯加时又有 20 人加入。船上又多了 6 门炮，他们感觉万事俱备。

即使在这时，图还是讨厌被贴上海盗的标签。在他开始第二次远征之前，他还从弗莱彻那里拿到了私掠许可证，这是他通过贿赂得到的，或多或少让他的行为具有了合法性。他们发现自己并非唯一到达曼德布海峡并准备进入红海的人。其他海盗因为听说了图的事迹，也知道了阿拉伯船只是非常容易攻陷的目标，所以他们在1695年9月共同攻击了一支前往麦加的、由25艘莫卧儿王朝的船只组成的船队。其中就有臭名昭着的海盗亨利·埃弗里。海盗与船队之间的追逐随即展开。

海盗们渴望获得宝藏，想把船占为己有。他们想攻陷其中的一艘船——法塔赫·穆罕默德号。海盗船长的黑旗在微风中飘扬时，他的手下既跃跃欲试，又有点担心是否真的能攻陷这艘船。他们周围的其他海盗都在争夺有利位置，希望能够攻占船只。这是一场重大的海战，图计划着这次出海成为他最后的一次航程，而他还不知道自己正处于另一次成败的风口浪尖。

敌船靠近了，图指示船员开火。他们还听到另一个开火命令，但发出命令的人却说着陌生的语言。敌船正在反击。当图的船员正在战斗时，阿敌船继续开火。一个炮弹向亲善号方向飞去，穿过图的腹部。他的胃被撕开，血液从可怕的伤口中喷涌而出。据《海盗通史》记载，图"用手举起肠子"，几分钟内就死了。恐慌之下，他的船员投降并被抓获，不过他们在埃弗里夺取法塔赫·穆罕默德号后获释。然后他们把船长埋葬在海里，为他的逝世和曾经的英勇领导而哀悼。

然而，图的遗产仍在惠及他人。他选择的航海路线成为海盗航线，他被誉为一个伟大的人，尽管他做的事有些残酷，却使穷人受益匪浅。正如弗莱彻在图去世三年后的1698年12月24日写道："图不仅是一个勇敢和活跃的人，而且是我见过的所有海员中最伟大、最值得怀念的人。"的确，他的成功非常鼓舞人心，使得海盗的人数激增。一个黄金时代已经开始。

虽然图不想被人视为海盗，他还是有一面与他的实际工作相符合的旗帜

亨利·埃弗里

海盗之王

从海员到臭名昭著的盗贼，这名“顶级海盗”是如何扬名世界的？

作为他那个时代最臭名昭著的海盗之一，亨利·埃弗里在他短暂而耸人听闻的职业生涯中是一股不可忽视的力量。他实现了大多数海盗梦寐以求的愿望，并得以在海盗生活的常见陷阱——捕获和死亡——中幸存下来。据说他还是带着海盗历史上最大的一笔财富退休的。

像海盗兄弟会中的许多人一样，埃弗里是偶然成为海盗的。他在英国德文郡出生，可能很自然地就会在海上讨生活（德文郡靠海）。最初他加入了皇家海军，在 1689 年和 1690 年之间服役了很短的时间。然而在这段时间里，据说他参加过九年战争的一些主要战役，并且表现得非常好，因此于 1690 年被皇家海军舰阿尔伯马尔号选中在舰上服役，这是一艘 90 发的护卫舰。

然而仅仅两个月后，埃弗里就离开了海军。他仍然在海上，将注意力转向不道德却有利可图的奴隶交易。非洲奴隶海岸提供了一个现成的奴隶来源，而他于 1693 年在西班牙军舰查尔斯二世号上找到了一份大副的工作，攻击法国奴隶船。这同样是一个短暂的职位，因为船员在次年 5 月初因工资和其他不满而发生了叛乱。埃弗里被认为是叛乱和推翻船长过程中的主要参与者，而他命中注定一般地被选为了这艘被重新命名为“幻想号”之船的船长。

他的海盗生涯与海军的职业生涯一样短暂，只有两年的时间。然而，正是这段时间让埃弗里这个名字为众人所知。在他的领导下，幻想号很快就因为行动迅速、作战英勇而获得了声誉，早期的成功帮助它迅速建立起好运和狡猾的名声，成为埃弗里传奇的基础。显而易见的一点是，埃弗里注定会成为英印关系方面的一根刺，因为他曾表示他只会攻击非英国船只，尽管这让英国人感到放心，但这个声明被普遍认为只是威胁罢了。

成为船长的 6 个月后，他进行了一次最大胆、最臭名昭著的抢劫。埃弗里乘幻想号和其他几艘船在 1695 年 8 月攻陷了正在越过红海的 25 艘船组成的强大的莫卧尔王朝船队，该船队正前往麦加朝圣。护送舰法塔赫·穆罕默德号被轻松拿下，但雄心勃勃的埃弗里锁定了更大的战利品：满载宝藏的 1600 吨船只——甘吉沙瓦号。

对于普通人而言，这是一个令人

在幻想号上担任船长期间的事迹日后为他赢得了“海盗王”的头衔

决胜一瞬

埃弗里加入海军

有人说如果没有这次职业选择，埃弗里可能永远都不会成为海盗。他的聪敏能干很快让他声誉良好，这个好的开始指明了他未来的人生方向，为他获得更大的战利品打下基础。他在第二年离开海军之前，做过好几个职位。

1689年

望而生畏的任务，但对于埃弗里来说可不是这样，据说尽管幻想号有42门炮，但甘吉沙瓦号有62门炮。然而幸运站在了埃弗里这边，他先下手为强，快速炸毁了敌船的主桅，决定了战斗中谁占上风。更幸运的是，大炮炸死了很多甘吉沙瓦号上的船员，进一步削弱了甘吉沙瓦号的胜算，大大增加了埃弗里的优势。现在，无论他的猎物是否愿意再投入大量的战斗，埃弗里都取得了胜利，实现了看似不可能的目标。

随着这场胜利，埃弗里成为全球最富有的知名海盗，从甘吉沙瓦号劫掠了估计价值为60万英镑的赃物，这一惊人的总数相当于现代货币中的5000万英镑以上。其他参加了抢劫的人则各自得到了大约1000英镑，这对一名普通海员来说是无法估量的财富。埃弗里的神话立即流传开来，传说这个著名的海盗毫无节制。据说，他曾娶了当天正好在船上的大莫卧尔王的女儿，成为她孩子们的父亲（这是纯粹的捏造，因为虽然据记载在甘吉沙瓦号上有很多贵族女性，但并没有其他证据证明这件离谱的事情发生过）。还有传言说，埃弗里自命权贵，跟随他的人都把他当作皇帝看待。尽管没有任何此类说法的证据，但有一件事是确定的：埃弗里在海盗界赫赫有名，他收获巨额财富的故事激励了许多人选择和他一样成为一名海盗。

决胜一瞬

查尔斯二世号上的叛变

船员因不满没有薪水而发动这次大胆叛变后，埃弗里很快就担任了船上的领导职务。原来那个不是生病就是酗酒的船长不愿在叛变者的指挥下工作，带着他忠诚的手下离开后，埃弗里被任命为这艘被重新命名为“幻想号”的船上的新船长。

1694年

尽管埃弗里的事迹让他成名，也让他别具魅力，但一如既往，故事总有黑暗的一面。据说，甘吉沙瓦号被俘时，埃弗里和他的船员毫无怜悯之心，杀害了那些站在他们面前的人，强奸了那些他们看上的女人，许多人在绝望中不顾一切地跳海，不愿面对这群海盗。这些事件可能被视为埃弗里传奇的一部分，但与其他谣言不同，截获甘吉沙瓦号后发生的暴力事件不久后就出现了来自目击者（包括埃弗里的船员）的官方记录的证明。而另一方面，据说埃弗里没有伤害船上的女性。

埃弗里的大胆行动产生了致命的后果。英国和莫卧儿王朝之间的关系即使在最好的时候，也一直都很微妙，截获甘吉沙瓦号对两国之间不稳定的外交关系形成了严重打击，使英国当

埃弗里的故事迎合了大众的想象力，成为许多文学作品的灵感来源

据说这是亨利·埃弗里在他短暂而收获颇丰的海盗生涯中使用的海盗旗

英勇攻占甘吉沙瓦号是埃弗里职业生涯的标志，让他成为史上最富有的海盗

局处于棘手的位置。莫卧儿王朝非常愤怒，扬言要进行报复。如果埃弗里以为自己能得到祖国的支持，那么他错了，因为英国公开悬赏 1000 英镑来逮捕这个对海上安全造成最大威胁的人。埃弗里和手下采取行动逃离，但尽管他们航行到巴哈马群岛并贿赂了当地总督，还是无法逃脱枢密院和东印度公司的联合势力。在试图从牙买加总督获得赦免失败后，他放弃了这次冒险，返回英格兰。他还遗留下了另一项遗产：由于埃弗里大胆攻击并抢劫了甘吉沙瓦号，当局首次决定打击日益肆虐的海盗行为。英国议会宣布埃弗里和手下为“人类的敌人”。

惩罚是残酷的，参与袭击的海盗中有 24 人被捕，6 人接受法庭审判。最初他们通过贿赂陪审团得到的无罪开释被推翻，后来被判为有罪并接受了审判，这些人最终于 1696 年在伦敦被处以绞刑。

命中注定埃弗里可以逃过一劫，设法避免了这一悲惨结局，尽管许多人都确信他闯下滔天大祸，应该得到相应的惩罚。尽管没有确切的证据证明后来发生了什么，但在接下来的几个月甚至几年中，许多人看见过这个

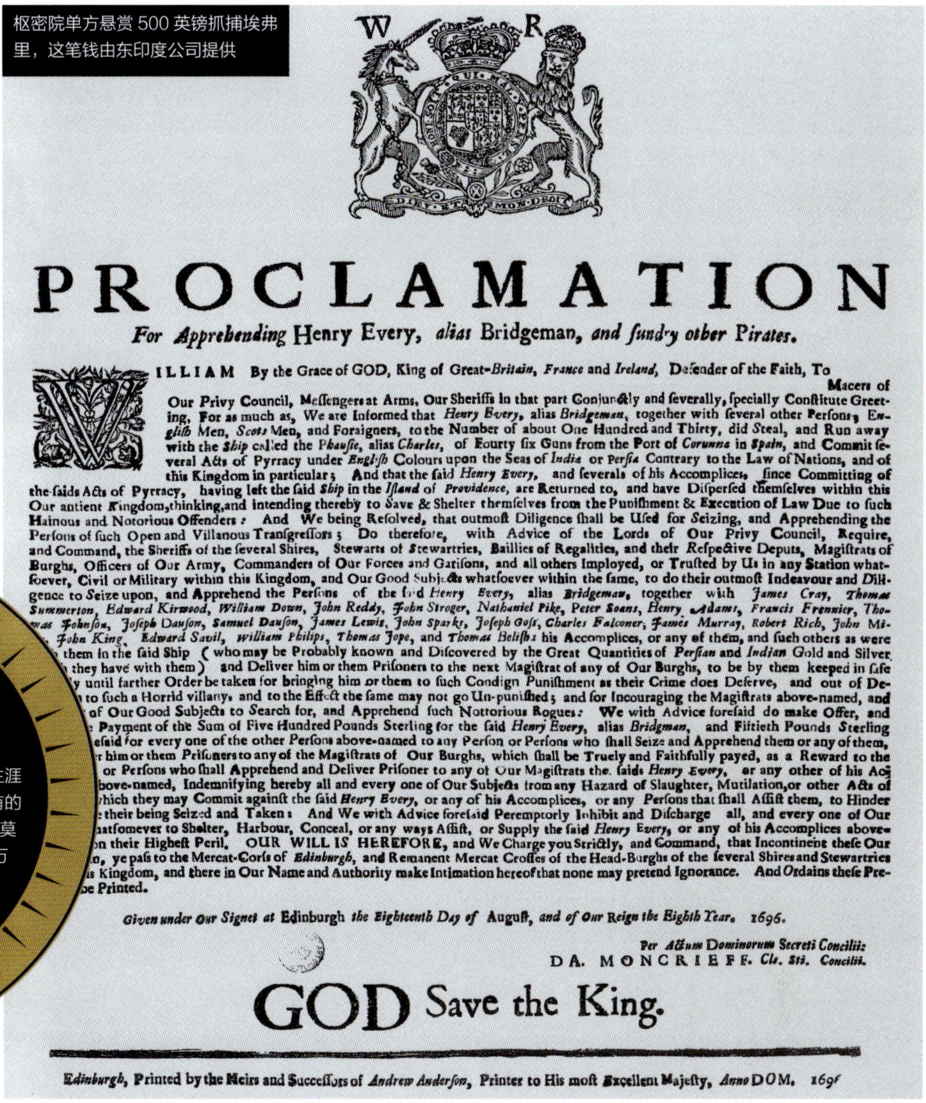

W R

PROCLAMATION

For Apprehending Henry Every, *alias* Bridgeman, *and ſundry other Pirates.*

WILLIAM By the Grace of GOD, King of Great-*Britain*, *France* and *Ireland*, Defender of the Faith, To Macers of Our Privy Council, Meſſengers at Arms, Our Sheriffs in that part Conjunctly and ſeverally, ſpecially Conſtitute Greeting, For as much as, We are Informed that *Henry Every*, alias *Bridgeman*, together with ſeveral other Perſons, *Engliſh* Men, *Scots* Men, and Foraigners, to the Number of about One Hundred and Thirty, did Steal, and Run away with the *Ship* called the *Phanſie*, alias *Charles*, of Fourty ſix Guns from the Port of *Corunna* in *Spain*, and Commit ſeveral Acts of Pyrracy under *Engliſh* Colours upon the Seas of *India* or *Perſia* Contrary to the Law of Nations, and of this Kingdom in particular; And that the ſaid *Henry Every*, and ſeverals of his Accomplices, ſince Committing of the ſaids Acts of Pyrracy, having left the ſaid *Ship* in the *Iſland* of *Providence*, are Returned to, and have Diſperſed themſelves within this Our antient Kingdom, thinking, and intending thereby to Save & Shelter themſelves from the Puniſhment & Execution of Law Due to ſuch Hainous and Notorious Offenders: And We being Reſolved, that outmoſt Diligence ſhall be Uſed for Seizing, and Apprehending the Perſons of ſuch Open and Villanous Tranſgreſſors; Do therefore, with Advice of the Lords of Our Privy Council, Require, and Command, the Sheriffs of the ſeveral Shires, Stewarts of Stewartries, Baillies of Regalities, and their Reſpective Deputs, Magiſtrats of Burghs, Officers of Our Army, Commanders of Our Forces and Garrſons, and all others Imployed, or Truſted by Us in any Station whatſoever, Civil or Military within this Kingdom, and Our Good Subjects whatſoever within the ſame, to do their outmoſt Indeavour and Diligence to Seize upon, and Apprehend the Perſons of the ſaid *Henry Every*, alias *Bridgeman*, together with *James Cray*, *Thomas Summerton*, *Edward Kirwood*, *William Down*, *John Reddy*, *John Stroger*, *Nathaniel Pike*, *Peter Soans*, *Henry Adams*, *Francis Frennier*, *Thomas Johnſon*, *Joſeph Dawſon*, *Samuel Dawſon*, *James Lewis*, *John Sparks*, *Joſeph Goſs*, *Charles Falconer*, *James Murray*, *Robert Rich*, *John Mi-* … *John King*, *Edward Savil*, *William Philips*, *Thomas Jope*, and *Thomas Beliſh* his Accomplices, or any of them, and ſuch others as were … them in the ſaid Ship (who may be Probably known and Diſcovered by the Great Quantities of *Perſian* and *Indian* Gold and Silver … they have with them) and Deliver him or them Priſoners to the next Magiſtrat of any of Our Burghs, to be by them keeped in ſafe …y until farther Order be taken for bringing him or them to ſuch Condign Puniſhment as their Crime does Deſerve, and out of De… to ſuch a Horrid villany, and to the Effect the ſame may not go Un-puniſhed; and for Incouraging the Magiſtrats above-named, and … of Our Good Subjects to Search for, and Apprehend ſuch Nottorious Rogues: We with Advice foreſaid do make Offer, and … Payment of the Sum of Five Hundred Pounds Sterling for the ſaid *Henry Every*, alias *Bridgman*, and Fiftieth Pounds Sterling …eſaid for every one of the other Perſons above-named to any Perſon or Perſons who ſhall Seize and Apprehend them or any of them, …r him or them Priſoners to any of the Magiſtrats of Our Burghs, which ſhall be Truely and Faithfully payed, as a Reward to the … or Perſons who ſhall Apprehend and Deliver Priſoner to any of Our Magiſtrats the ſaids *Henry Every*, or any other of his Ac… …bove-named, Indemnifying hereby all and every one of Our Subjects from any Hazard of Slaughter, Mutilation, or other Acts of …hich they may Commit againſt the ſaid *Henry Every*, or any of his Accomplices, or any Perſons that ſhall Aſſiſt them, to Hinder … their being Seized and Taken: And We with Advice foreſaid Peremptorly Inhibit and Diſcharge all, and every one of Our …atſomever to Shelter, Harbour, Conceal, or any ways Aſſiſt, or Supply the ſaid *Henry Every*, or any of his Accomplices above… …n their Higheſt Peril. OUR WILL IS HEREFORE, and We Charge you Strictly, and Command, that Incontinent theſe Our …, ye paſs to the Mercat-Corſs of *Edinburgh*, and Remanent Mercat Croſſes of the Head-Burghs of the ſeveral Shires and Stewartries …s Kingdom, and there in Our Name and Authority make Intimation hereof that none may pretend Ignorance. And Ordains theſe Pre… …be Printed.

Given under Our Signet at Edinburgh *the Eighteenth Day of* Auguſt, *and of Our Reign the Eighth Year.* 1696.

Per Actum Dominorum Secreti Concilii:
DA. MONCRIEFF. *Cls. Sti. Concilii.*

GOD Save the King.

Edinburgh, Printed by the Heirs and Succeſſors of *Andrew Anderſon*, Printer to His moſt Excellent Majeſty, *Anno* DOM. 1696

枢密院单方悬赏 500 英镑抓捕埃弗里，这笔钱由东印度公司提供

决胜一瞬

攻占甘吉沙瓦号

这次最大胆的抢劫是埃弗里短暂海盗生涯中的顶峰，让他成为历史上最成功、最富有的海盗，并且这一名声经久不衰。这艘来自莫卧儿王朝的船载满珠宝和其他价值数十万英镑的财宝，而埃弗里最为人所知的事迹就是他抢劫了这艘甘吉沙瓦号。

1695年

臭名昭著的海盗。

但故事仍在继续，在丹尼尔·笛福（Daniel Defoe） 于 1719 年出版的《海盗王》（*The King of Pirates*）中，也出现了很多讲述这一引人入胜又惊悚可怕的人物的故事，虚构和现实交织，让传说延续。多年来，埃弗里在不同作品中出现，并有不同的名字，有些是他死前就有的别名，有些则来自死后其他人对他的称呼，比如本杰明·布里奇曼（Benjamin Bridgeman），以及后来出现的更短的称呼“长本”（Long Ben）。其他的名称，例如约翰·艾弗里（John Avery），则不属于这类。因为埃弗里本人签名时用的是“Henry Every”。

有一件事是确定的：埃弗里在海盗界赫赫有名。

关于埃弗里的最终结局，有许多相互矛盾的故事。有人说，他逃到了热带地区，在那里他用掠夺的财富度日，享受着他的晚年。其他版本的故事让他至少遭到了应得的报应，例如他的不义之财被骗走，孤身一人，死于贫穷和肮脏。如果是这样的话，埃弗里的宝藏又在哪里呢？也许，正如有些人认为的那样，它仍然存在于某处，等待着被勇敢的寻宝者再度发现。

决胜一瞬

来自国王的任务

纽约、曼彻斯特和新罕布什尔总督，理查德·库特（Richard Coote），也就是贝洛蒙勋爵（Earl of Bellomont），结识了基德船长，并要求他接受一项由国王威廉三世在背后支持的私掠任务。手里拿着国王签署的私掠许可证，基德带着追捕海盗、攻占法国敌船的目的出发了。

1695年12月

威廉·基德船长

从私掠者到海盗

基德船长无疑身处最著名海盗之列，但最终打倒他的是政治吗？

威廉·基德船长曾感到时运不济，而他这时就要从私掠者转型成海盗了。他曾得到英国许多富有贵族的支持，包括国王威廉三世（他的资助占总量的 10%），奉命乘冒险帆船号出海打击海盗。国王在 1695 年颁布命令时特地提到了 4 个臭名昭著的海盗，他们是：托马斯·图，托马斯·威克，威廉·梅兹，约翰·爱尔兰。这些海盗常在印度洋海域的货运航线抢劫。而基德由于获得了私掠许可证，也可以打劫任何挡住他去路的法国船只。

然而，一连过去了好几个月，失望却接踵而至。冒险帆船号是一艘 34 门炮的大船。在冒险帆号亟待修理时，船员们越来越想造反。基德本身在性格方面也有些缺陷，对改善局面并无多大帮助。他人眼中的基德是一个傲慢的人，他的航海能力很好，但是在船上却很专制霸道，狂妄自大，每当他见到一个地位不如他的人，气氛总会变得很糟糕。一位来自印度加尔瓦尔港口的船运代理证实了基德争强好胜的本性以及他平时是如何与船员打交道的。他是这样描述这位船长的：“他是一个非常强壮的男人，不论何时何地，总是在和手下起争执，而且经常掏出手枪扬言要轰掉那些胆敢忤逆他的人的脑袋，这让人们对他十分畏惧。”

一系列的决策和行动失误让他变成了史上最有名的海盗之一。由于结识了一些纽约和英国的富有的赞助人，基德相信他们会给自己一定程度的保护。但他选择当海盗，实在是一个非常奇怪的行为，即使到了今天我们也无法得知背后的理由，而且这背后的理由可能不是单一的，而是多种因素共同作用的结果。他受到一名船员的挑唆及威胁，如果情况再不好转，他的喉咙可能会被这个船员割开。但基德没有意识到一旦他成为海盗的消息在印度洋各个港口传开，传到国王的宫殿里，那么曾经在背后资助他并让他出海抓海盗的财团会联合起来，将他抛弃。

基德专制霸道，狂妄自大，每当他见到一个地位不如他的人，气氛总会变得很糟糕。

威廉 · 基德于 1645 年出生于苏格兰的一个航海世家，他的父亲在海上失踪了

大海盗基德船长的故事经久不衰。但事实与传说不一样。比起其他海盗，他并没什么出色的事迹，收获的财物也不是很多，这些都不是让他在大众文化中如此有名的原因。部分让他出名的原因是在他上绞刑架多年后，有传言说他埋了宝藏。埋藏地点可能在长岛东汉普顿附近的加德纳斯岛（Gardiners Island）。秘密宝藏是海盗传说的一个关键因素，而罗伯特·路易斯·史蒂文森所著的儿童经典小说《金银岛》（1882）对此起到了很大的宣传效果。跟基德多年流传的（有些过分夸张的）名声一样，真实的史料中对于海盗埋藏不义之财的记录是很少的。媒体对基德被捕及接受审判的过度关注让他几乎成了那段航海历史的明星人物。

决胜一瞬

威廉·摩尔之死

在基德的手下都一心想造反，推翻暴躁的船长的时候，船上的炮手威廉·摩尔让基德去攻击行驶到附近的一艘荷兰船只。在争论中，基德将一只铁箍桶扔向了摩尔，砸中他的脑袋，第二天摩尔就死了。

1697年10月

基德在狱中向威廉国王写了好几封信，希望获得宽大处理

一幅经过美化的画，描绘了基德船长在纽约港口时的场景。画家是让·里昂·杰罗姆·费里斯（Jean Leon Gerome Ferris，1863—1930 年）

威廉·基德约于 1645 年生于苏格兰的格林诺克。他的父亲是基督教长老会的一名牧师，而 1689 年之前他一直在海上从事私掠者的工作，让人难以定义他究竟是英雄还是恶棍。虽然他的父亲因为与法国的英勇斗争而被称赞为一个勇敢的人，但这样的抢劫和打斗行为说明他并非是一个亲民的人。在他父亲威廉教父的指挥下，一群布加尼埃海盗发起叛乱，推翻了船长，到达圣尼维斯群岛抛下船

长后起航。

1969年5月基德和80名手下从普利茅斯启程，他们的心中一定是充满希望的。但是，当他们到达印度洋海域，热带病就缠上了他们。疾病和行动缓慢开始消耗他们的士气。很多海盗代替了船上死去的船员，向红海出发，这时基德几乎已经转型成海盗了。第一，红海不包括在他的任务中；第二，他当时在公开讨论如何通过攻击附近船只来敛财。

在当时，基德船长成为海盗是非常奇怪的事。他本是个出身体面的人。

1697年8月14日，爱德华·巴洛（Edward Barlow）掌管的一艘装有36门炮的幽灵号发现了冒险帆船号，并且看到了船上挂着的红色旗帜（海盗旗）。攻击东印度公司的船就等于攻陷财富，等于做出海上强盗行为。巴洛船长手下的幽灵号赢得了这次小规模的战斗。基德命令手下撤退并悄悄溜走了。随后一连几周，冒险帆船号都在海上抢劫，关于冒险帆船号上船员残酷行径的故事便流传开来。

偶遇幽灵号两周后，基德发现了

一个大目标。他们查探到400吨的奎达商人号离科钦港不远。奎达商人号的船长是英国人约翰·莱特，船上装着基德船长梦寐以求的宝藏：丝绸、鸦片、糖、铁和棉布。冒险帆船号这次挂上了法国的旗帜，这样做的原因是不太可能会被私掠船劫持。仗着手里的私掠许可证，他宣布奎达商人号成为威廉国王的财产。基德在这次抢劫中估计夺得了价值7000英镑的财物。他把赃物变卖，欢快地离去了，船员们这才满意。

不久以后，基德决定弃用冒险帆船号这艘快要报废的船，启用刚截获的奎达商人号作为新的战舰。这时他才发现他的海盗行径已经众所周知，不仅在当地流传开来，还传到了欧洲。如果传言为真，那么基德确实令他背后的财团相当难堪了。

这幅17世纪的图画描述的是基德船长在长岛附近的加德纳斯岛埋宝藏的场景

基德想要逃离此地，去往西印度群岛，他在马达加斯加的布拉哈岛停泊时，遇到了罗伯特·卡利福德船长。这个本应戴上镣铐监禁起来的著名海盗，被基德攻占了船只。然而，这一切都是卡里福德计划好的。他和基德不仅没有结仇，反而成了同伙，基德也保证不会拿他怎么样。

在当时，基德船长成为海盗是非常奇怪的事。他本是个出身体面的人，人人都认为他值得信赖。他在与法国的战斗中也因骁勇而受到嘉奖，还与一名富裕的曼哈顿女性（莎拉·奥尔特）结了婚，可以结识总督、王爵等权贵。但背后财团布置的任务对他来说同时是个束缚。他不敢拒绝他们的要求，因为拒绝任何一个机会都会让他的社会地位蒙羞。而接受任务有助于提高他的地位，如果成功完成任务，他会变得富有，过上衣食无忧的生活，可以从事土地买卖。

基德并没有平静地接受逮捕，他十分愤怒。正式被捕之前，他在讯问中列出了赃物数目，包括贝洛蒙勋爵和东印度公司在内的所有人都被赃物数量之大震惊了，都想从中分一杯羹。赃物的总数估计达到了40万英镑。其中有价值1.4万英镑的黄金、白银和珠宝。但这一估计是否准确？加德纳斯岛到底是否埋有宝藏，而且被逮捕前的两周基德去了哪里呢？

1700年4月14日，基德回到了伦敦，被关押在新门监狱（Newgate Prison）。他在那里待了11个月，在发现他之前的朋友和旧识统统和他撇清了关系后，他一天比一天想了结自己的生命。在法庭上，他面临海盗和谋杀的指控。被定罪并且判处绞刑后，他震惊地说道：“法官大人，这个判决太残酷了。那些人当中没有人比我更无辜了，他们都做了伪证来陷害我。”

1701年5月23日，基德死于沃平的“处决码头”（Execution Dock），死状惨烈，尊严尽失。第一次行刑时，绳子断裂。于是这个已经被勒到失去意识的犯人又被架上梯子，实施了第二次绞刑。他的尸体一连几年都被遗弃在蒂尔伯里的一个绞刑架上，任其腐烂。

罗伯特·卡利福德

威廉·基德的克星

罗伯特·卡利福德夺走基德的船后，基德不顾一切地要把他追回来。

罗伯特·卡利福德神秘的一生中经历了财富巨变、反叛、流放，还进入了马歇尔希监狱。卡利福德来自海滨城市康沃尔，虽然他的早年经历不可考，但他成名甚早。人们最初知道卡利福德这个名字是在 1689 年，他在一条开往加勒比海域的法国私掠船圣·罗斯号上同一群法国人一起当船员。就在这条船上，他遇见了另一名船员威廉·基德，也就是后来大名鼎鼎的海盗船长基德。

英法两国宣战时，圣·罗斯号上的船员发动了叛变，攻陷了这艘船。他们选举威廉·基德为船长，并且把船重命名为天佑威廉号（Blessed William），但事情并不如这群英国私掠者想象的那么美好。水手们很快就对基德船长不满，卡利福德在 1690 年带头发动了第二次叛变，对付这位曾经的同事。等待基德上岸的同时，他们选举威廉·梅森为新船长。这是卡利福德的海盗生涯中的关键时刻，虽然他不是船长，但他对梅森有着巨大的影响力。在卡利福德的引导下，船员们得到了一纸私掠许可证，代表他们的私掠行为得到了官方许可。

私掠者们后来截获了一艘法国船只希望号，于是梅森将这艘船赠予他忠诚的伙伴卡利福德，卡利福德因而成为船长。卡利福德看到他们时运不济，好不容易抢来的东西都被法国私掠船抢走后，决定驶向印度，大抢特抢一番。可是，他和手下很快就被莫卧儿王朝的人捉住，进了大牢。他们在监狱过了 4 年苦日子才被释放，卡利福德带着手下登上一条从东印度公司偷来的船，再次出海。

毫无疑问，厄运又悄悄地站在了他的背后。船上的船员夺回了这艘他偷来的船，并且将他流放，他一定没有料到自己又一次身处陆地。不过幸运的是，他被一艘叫做穆哈号的船救起，并于 1697 年成为了这艘船的船长。厄运终于过去，他的事业蒸蒸日上，很快就有了自己的船队。又过了几年，他成为了有名的海盗，在马达加斯加附近行动，抢得许多财宝和船只。

与基德在圣·罗斯号上分别后 9 年，他们在马达加斯加附近又相遇了。当时基德是一个海盗猎人，当他听说卡利福德在这附近行动便发誓要报仇雪恨。他没有忘记当年的叛变，也没有忘记卡利福德曾参与其中，他相信是时候让卡利福德付出代价了。但其

一艘大型帆船受到海盗的攻击。它是否像大默罕穆德号那样运载着无数财宝呢？

卡利福德回到伦敦，认为自己已经得到了国王乔治一世的特赦

决胜一瞬

截获大默罕穆德号

经历了叛乱、流放和4年监狱生活的流年不利后，卡利福德与另一名船长德克·奇夫斯合作，向红海出发。他们截获了大默罕穆德号，一艘满载财宝的大船。他们抢到了价值130000英镑的赃物，船长和船员们都发了笔横财。

1698年

实，基德的手下一听到卡利福德的大名以及他最近的成就，觉得跟着卡利福德更有前途。基德无力阻挡，手下纷纷抛弃他，投靠了卡利福德。卡利福德于1698年从马达加斯加海岸边的圣玛丽岛出海。和他同行的是另一名海盗德克·奇夫斯（Dirk Chivers），他们一同向红海出发，在那里他们撞见了大默罕穆德号。这艘船装载着许多现金，卡利福德和奇夫斯轻而易举地拿下了它。这次行动的收获巨大，卡利福德受到极大的鼓舞，于是再次从马达加斯加附近出海，四

这个曾经叱咤海洋的海盗现在却被扔进了阴暗的马歇尔希监狱。

截获大默罕穆德号让卡利福德的手下都发了财，船长本人更是大赚一笔

处威胁货船，抢劫大量赃物。

但卡利福德的威力只是暂时的，1699年，英国人到圣玛丽岛搜寻这个海盗。虽然他的第一反应就是向这些英国船只开炮，但当他听说他们是来给他一个接受特赦的机会时，他心动了。经历多年的海盗生涯，卡利福德很开心能接受国王特赦，不过他的一些手下并不这样认为，他们逃走了，继续过着逍遥法外的生活。

在国外待了很多年的卡利福德回到了英国，觉得自己是一个自由人了。然而，他发现自己被欺骗了。实际上，他刚一踏上英国的国土，就被以攻击大默罕穆德号的罪名逮捕。这个曾经叱咤海洋的海盗被扔进了阴暗的马歇尔希监狱，他的特赦现在不管用了。这样看来，他的下一步毫无疑问就是被绞死，但他同意为另一名海盗塞缪尔·伯吉斯（Samuel Burgess）的罪行做证人，以换取性命。

从此以后，罗伯特·卡利福德就从历史记录中消失了，他后来的命运不为人知。虽然他后来发生了什么是个谜，但人们不禁猜测，他从马歇尔希监狱出来后会怎样。也许他改名换姓，又回到了海上，或者加入了海军，又或者，这个极其富有的船长假死之后隐居某地，靠着当海盗时的财富积累过了很多年奢侈富足的生活。

阿马罗·帕戈

仁慈的船长

并非所有海盗都成天抢劫；还有一些能够与国王结交，甚至捐助慈善机构。

阿马罗·罗德里格斯·费利佩（Amaro Rodríguez Felipe y Tejera Machado）1678年生于特纳利夫岛（Tenerife），以别名阿马罗·帕戈在海盗史上成名。阿马罗·帕戈得名于一种大鱼，这种鱼在水里行动迅速，通过突袭来捕食。而这名私掠船船长的船就和这种鱼一样快，但并不是所有人都害怕他。

阿马罗出生于西班牙特纳利夫岛的一个富裕家庭，从小过着殷实、无忧无虑的生活。与其同乡一样，他从小信仰天主教，这是影响他一生的重要经历。长大后，他开始追求自己的事业，在20岁出头时，他成为万福玛利亚号上的少尉。就在这艘船上，这名年轻的少尉遇见了一个可以证明自己的机会，一件改变他的人生的事情，那就是来自海盗的袭击。阿马罗的战术导致海盗袭击失败，他也因此被授予一艘船作为奖励，从这一刻起，他一往无前。

这时阿马罗正好碰上西班牙王位继承战争，作为一个有野心、有勇气的私掠船船长，他意识到在战争中可以获得丰厚的利益。他并没有停下来，坐享之前的成果，而是在商业方面另有谋划。

他很快就成为了最出名的船长之一，通过加那利群岛（Canary Islands）和西印度群岛之间的贸易往来积累财富。他用自己种植的粮食制造白兰地和葡萄酒，也是加那利群岛最活跃的奴隶贩子。不管在今天看来这些买卖有多么令人不齿，阿马罗·帕戈还是积累了许多财富和地产，最终成为加那利群岛的首富。阿马罗的地位变得非常之高，甚至西班牙国王菲利普五世都想与他结交，并给予他私掠许可证。

阿马罗率领一支巨大而富足的船队前往西印度群岛，充分利用了国王给他的私掠许可证。他的财富意味着他买得起任何东西，所以他的船只装备是最好的，可以无休止地追逐英国和荷兰的船只。作为国王菲利普五世的忠臣，阿马罗的目标是任何与西班牙敌对的国家的船只。在追逐过程中

阿马罗·帕戈是海盗历史上最富有，也最慈善的海盗

阿马罗是毫不留情的，如果船长拒绝满足他的要求，他会毫不犹豫地加入战斗，攻占船只，抢夺船上的财货。

但对于阿马罗来说，登船、抢劫、战斗并不是生活的全部，他还有慈善的一面。从他在拉古纳的圣克里斯托瓦尔（San Cristóbal de La Laguna）出生的那一天起，他就是一名忠实的天主教信徒。他坚信，既然上帝给了他这么多福祉和财富，他应该有所回报。就像他在其他方面的行事风格一样，在慈善方面，他没有半途而废，而是将财产的一部分投入了慈善工作中。阿马罗将赃物和贸易收入捐给穷人，包括狱中的犯人。他也将钱捐给宗教事业，甚至支持了教堂的建设，这样他就能在教堂中礼拜将他带到财富和功名巅峰的上帝。他是国王最青睐的人，更别提他在加那利群岛的首富地位了。阿马罗·帕戈在家乡也成了名人，不管穷人还是富人，大家都爱戴他，尊他为英雄甚至是圣人。

这位圣人最亲近的朋友是一名叫

决胜一瞬

国王的接见

1725年，在阿马罗·帕戈为西班牙国王效忠多年后，菲利普五世最终授予他“Caballero hijodalgo”称号，意为他是一个高尚的人、民族英雄、国家最重要的人，获得了官方认可。这是他一生中的最高成就。

1725 年

作玛丽的修女，她成为了他的知己、告解神父以及精神导师。作为回报，帕戈建立起了济世圣母教堂（the Parroquia de Nuestra Señora de Los Remedios），即今日特纳利夫岛上拉拉古纳主教座堂（La Laguna Cathedral）的前身。阿马罗终生未婚，他死后，历史学家试图找到他和修女之间存在恋情的证据，但目前尚未找到。毫无疑问，阿马罗将修女当作挚友，1731年修女去世后，他为这位在他心中堪比圣人的女人购买了一个昂贵的棺材。他始终相信自己一直受到修女的保佑，即使在她死后，他也坚信她在注视着他，给他带来好运和财富，助他安全返航。

1747年，帕戈在家乡的出生地去世。他的葬礼场面非常宏大，许多人前来吊唁，不管穷人还是富人，整个城市的人都来到街上，向这个慷慨的人致敬。不过，阿马罗·帕戈留下了一个让人好奇的疑团。在他的遗嘱中，他写到他藏了一大笔财宝，包括艺术品、钱、珠宝和其他无价之宝。直到今天，也没有人找到这笔宝藏。也许有一天，会有人揭开阿马罗·帕戈之宝的神秘面纱。但现在这依然是海盗历史上最大的谜团。

特纳利夫岛上阿马罗的墓碑上刻着头骨和交叉腿骨的标志

阿马罗得名于这种叫作“帕戈”的鱼，这种鱼行动迅速。阿马罗·帕戈是海盗历史上最富有，也最慈善的海盗

玛丽修女是阿马罗·帕戈最亲近的朋友，也是他的精神导师、告解神父

黄金时代

1715—1725 年，海盗历史迎来了黄金时代。这一时期，一群海盗船长统治了加勒比海域。

海盗共和国

在海盗的黄金时代，一大群海盗来到了新普罗维登斯巴哈马岛上的拿骚港口。在这里他们形成了自己的“海盗共和国”……

海盗的黄金时代是指1715—1725年的十年间，英国颁布乌得勒支条约（the Treaty of Utrecht），宣布不再参与西班牙王位继承战争，一群野心勃勃、冷酷无情的船长开始在海上从事海盗活动。条约的签订以及随之而来的皇家海军对大型舰队的暂时停用，使得英国水手们苦不堪言。他们没了工作，就算那些找到工作的人也发现新工作的工资骤然减少。

在那些在商船上工作或依然在皇家海军工作的水手中，四处都是不满之声，当他们被海盗捉住时，很多人都会迅速变节，投靠海盗。在海盗船上，他们的收入不仅会大增，而且也不需要受那么多规矩的约束。

新普罗维登斯岛上夏洛特堡垒中坐落着一架18世纪加农炮

被海盗捉住时，很多人都会变节。

一支由一群小船组成的海盗小舰队攻击一艘英国皇家海军战舰

海盗们一般避免在海上与敌船激战

其中一个著名的叛变例子于1718年发生在巴哈马海盗和皇家海军舰艇凤凰号之间，一群皇家海军的人趁夜色逃到了海盗那边，加入了他们。

很多早期的布加尼埃海盗都曾是私掠者，持有国王的许可证，有权掠夺敌船。但在海盗的黄金时代，很多人是在明确知道自己在与当局公开作对的情况下成为海盗的。除了失业和逃走的水手外，很多逃跑的奴隶、契约奴仆以及其他犯了法的人，包括那些不满当前政治和宗教局面的人，他们其中有很多反对乔治一世1714年登上英国王位，这些人都大大充实了海盗的队伍。当时，乔治一世推翻斯图尔特王朝，继承了安妮女王的王位，这让那些斯图亚特王朝的拥护者非常恼火。所以黑胡子将他的旗舰，一艘原本叫和谐号的奴隶贩卖船，改名为安妮女王的复仇号，也是出于这个原因。

官方通常把这些海盗描写成粗鲁的野兽，只知道烧杀抢掠，但真相其实和这些描述很不一样。很多殖民者视他们为英雄，即便臭名昭著的“黑山姆”和“黑胡子”曾联合抢劫了300多艘船，也没有记录记载过他们杀害任何一名俘虏。

让官方恼火的是，这些海盗帮通过抢劫西印度群岛地区的法国、西班牙和英国的货船和在沿岸打劫获得了巨大的成功。他们的首领在新普罗维登斯巴哈马岛上的拿骚港口建立了基地。这个小岛面积大约为60平方英里[①]，位于弗罗里达东部200英里处，因此是一个理想的沿货运航线抢劫的落脚点。

岛上有新鲜的水果、肉和淡水，而且这里的海湾非常适合用来防御和卸货。这里可以容纳500艘船，不过因为水太浅，无法容纳大型战舰。霍格岛又把海湾分割成两部分，所以也很难对海湾实行封锁。同时，周围的复杂地形又对这里形成了保护，任何有理智的船长都不敢不带有经验的舵手贸然闯入这里。

布加尼埃海盗很早就发现了新普罗维登斯的战略地位。1713年，曾经的私掠者，现在的海盗，本杰明·霍尼格尔德才正式把这里选为大本营。霍尼戈尔德和他的宿敌亨利·詹宁斯，成为了这个海盗共和国的君主，接待了自

①1平方英里约等于2.59平方米。

成一派的“飞天帮”（Flying Gang）。

新普罗维登斯在西班牙王位继承战争中受到重创，并且分别在1703、1704和1706年被西班牙入侵过。到霍尼戈尔德盯上这个岛的时候，拿骚城里只有一个满是白骨的居民区，而托马斯·沃克（Thomas Walker）是岛上唯一剩下的地方官。虽然证据不详，但霍尼戈尔德到达这里的时候，沃克的职务似乎是副总督，而且他并不欢迎海盗的到来。

他奋起阻挡海盗，请求支援，写了很多封信，寄给巴哈马的庄园主、海军部的长官以及媒体，陈述了海盗在他的岛上横行的状况。他引起了许多人的兴趣和关注，百慕大的代理总督亨利·普雷恩（Henry Pulleine）还因此向伦敦的官员写信，说巴哈马实际上已经成为了“海盗的巢穴”。

同时，与被解放的黑奴妻子和孩子生活在距离拿骚几英里处的沃克开始计划对巴哈马岛上的海盗发动攻击，出航去打击新普罗维登斯东边海湾岛上的人。他抓住了海盗丹尼尔·史迪威（Daniel Stillwell）及他的一众手下和他们的快乐返航号。但是沃克的好运很快就用光了，在他外出时，霍尼戈尔德释放了史迪威，开始实施摆脱沃克的计划。这对于该岛的历史来说是一个关键的时刻，因为如果沃克不在了，就没有人能对抗飞天帮，他们就能随心所欲地统治巴哈马了。

沃克的儿子小托马斯在查尔斯顿做出的证言中说道，他于1715年在拿骚港碰到霍尼戈尔德，这个海盗跟他说他的父亲是一个“麻烦的老家伙”，如果他父亲不停止搅乱他们的好事，就会把他父亲杀掉、烧掉他的房子，折磨他的家人。

当年12月，霍尼戈尔德截获了一艘大型西班牙战舰，将其叫做本杰明号，似乎沃克已经无法控制海盗了。到1716年亨利·詹宁斯驶进拿骚，他们的船上装满了西班牙财宝，一个新的时代就此开始了。不久以后，霍尼戈尔德重新布置了海湾的防御工程，修整了之前的堡垒，在上面加载了加农炮。沃克认输了。他带着家人去了查尔斯顿，永远都没有再回来。新普罗维登斯现在实实在在地落入海盗手中了。

根据《海盗通史》中的记载，到1716年，拿骚不仅是霍尼戈尔德和詹宁斯的老窝，也是前海军中尉“黑胡子”爱德华·蒂奇、约翰·马特尔、奥利维·拉布斯、查尔斯·贝勒米、爱德华·英格兰和许多其他海盗的老窝。新普罗

海盗在夜色的掩护下登船

这座 18 世纪的芬卡斯尔堡垒守卫着拿骚城

维登斯岛也是许多海盗的会面地点，包括斯蒂德·邦内特、杰克·莱克汉姆，女海盗安妮·波尼和玛丽·里德。

1716 年后，新普罗维登斯岛上的罪犯人数大大增加，还有许多来自坎佩切的伐木工人和各种叛变、逃跑的人。岛上的居民害怕落入这些招摇过市的新移民的手中，纷纷离开该地。这些人中有一个叫托马斯·巴洛的，是一群西班牙海盗的头头，因为喜欢折磨岛上的男人、骚扰岛上的女人而恶名远扬。海盗们把此地据为己有，搭起了帐篷、建起了茅草屋和房子。大量的妓女来到了这里，酒馆生意变得红火起来。

拿骚比较好的房屋里住的都是商人和走私者。海盗将赃物卖给他们，他们也向海盗购买军火和其他珍贵货品。然而，就算是这些商人也不能完全保证自己在新普罗维登斯岛上的安全。据说巴洛在那时就打劫了一艘来自新英格兰的双桅帆船，还把一名百慕大商船的船长痛殴了一顿。

但是，这里也不是完全无法无天。海盗通常有自己的海盗守则，确保他们一直处于最佳水手之列，这些守则也不像皇家海军和商船上的规定那么死板、那么剥削人。如果飞天帮选举了船长后，觉得船长不尽如人意，他们就会把船长废掉。在战斗时，船长有最高命令权，但决定权在于多数人，包括攻击地点、对犯人的处罚方式等，这些都是船上的船员按照少数服从多数的原则决定的。

抢得的战利品被所有成员均分，船长的份额只多出一点点，而船上杂工得到的最少。船员也会选出舵手，他的职责是保证船上的食物和物资公平发放。霍尼戈尔德和詹宁斯都是出色的海盗领导，但也有人说“黑胡子”爱德华·蒂奇被选为了岛上的最高长官。不管真相究竟如何，他一定是成为了一个大权在握的海盗领导。他在海盗共和国的权力之大，直接造成了众多国家货船的毁坏，英国当局最终决定对他展开一次决定性袭击，共分为三个步骤。首先，海军派出三艘战舰来到加勒比海域。然后，乔治一世给任何愿意投降的海盗发放国王特赦，赦免他们在 1718 年 1 月之前的所有海盗行为。最后，政府命令伍兹·罗杰斯担任巴哈马总督和戍卫部队总司令，并明确要求：把国王特赦发给任何愿意接受特赦的人。那些不愿接受的，就主动进攻，逮捕他们。

罗杰斯在此前已经是一名成功的司令和私掠船船长，多年来一直在布里斯托市市长和政府的支持下工作。他于 1718 年到达新普罗维登斯，乘坐的是印度航线班轮[①]德莉莎号，伴他同行的是两艘皇家海军舰艇米尔福德号和罗斯号，还有一艘单桅战船鲨鱼号。他总共带去了 7 艘武装船和 500 多名人手。当局认为这个规模足以攻下海盗共和国了。好几个海盗大人物，例如霍尼戈尔德，已经收到了国王发放特赦的消息，决定自首。而其他人，例如查尔斯·范恩和黑胡子，则决定战斗到底。

罗杰斯一到拿骚，范恩就藏了起来，但还是开了几枪，然后逃走了，把整个岛留给了这位新长官。罗杰斯立即安抚岛上居民，同时开始重建曾经保护了整座城市、现已破旧不堪的堡垒。他雇用本杰明·霍尼戈尔德和科克拉姆船长为海盗猎人，让他们去抓捕范恩。虽然范恩躲了起来，但霍尼戈尔德在 10 月抓住了藏在埃克苏马岛的一众海盗。这些人起初接受了国王特赦，不过很快就重操旧业。其中有两个人值得一提，约翰·奥格（John

① 定期来往于英国和印度的商船。——译者注

乔治一世给任何愿意投降的海盗发放国王特赦，赦免他们所有的海盗行为。

海盗船上的所有船员会为争夺赃物打得不可开交

Augur），他曾是单桅帆船玛丽号的船长，还有威廉·坎宁安（William Cunningham），他曾是黑胡子的炮手。罗杰斯将他们都绞死了，8 名海盗惯犯的尸体在 12 月 2 日这一天悬挂在了绞刑架上。

罗杰斯的到来和他对这些拿骚岛上的海盗行刑并没有完全终结海盗的时代，但他让新普罗维登斯不再是罪犯和流氓的窝点。虽然像黑胡子和范恩这样的海盗还是活跃了一段时期，但海盗共和国已经苟延残喘，最终消失在大海的怒涛中。

托尔图加位于海地的海岸线附近，也曾是海盗的窝点

新普罗维登斯

这座位于巴哈马群岛中的小岛却成了海盗的天堂。

基尔拉尼湖

充足的淡水供应使得新普罗维登斯成为罪犯们理想的安全窝点。

新普罗维登斯内陆

内陆上有兔子、猪和充足的水果。岛上的农民还种植玉米、豌豆、甘薯、洋葱和各种其他作物。

霍格岛

海盗经常将截获和抢来的船只遗弃在霍格岛（今天堂岛）。

陶土礁

这个港口有两个入口，很难被包围，而且还有一条天然的逃生路线。

拿骚

这一时期，只有一个堡垒保护这个海湾，而且还年久失修，由本杰明·霍尼戈尔德和伍兹·罗杰斯先后修理加固。

飞天帮

西班牙王位继承战争结束后，许多曾经在西班牙与新大陆之间的一些航线上捕猎的私掠者突然间感到无所事事。他们没法再从事国家支持的海上劫掠，导致没有收入，于是许多人带着船和手下转而从事了另一种不那么光彩的工作——海盗。加勒比海域活跃的男海盗、女海盗决定建立一个组织，名字叫“飞天帮”。此帮派由本杰明·霍尼戈尔德和亨利·詹宁斯在打捞1715年西班牙财宝船队的财产时策划的，成员都是当时最狡诈、最残暴的海盗，他们使得恐怖一直笼罩着加勒比海域，直到最后因为皇家海军的打击和帮派内讧而终结。但并不是所有的著名海盗都在这个帮派中，如黑巴特就是独自行动的。

本杰明·霍尼戈尔德

国籍：英格兰

生于：约 1680 年　**死于：**1719 年

霍尼戈尔德是飞天帮的创始人之一，他在帮派中充当其他成员的导师，包括恐怖的爱德华·蒂奇。他有一艘叫做漫游者号的单桅战船，装有 30 门大炮，但他从不攻击英国船只，这被视为他爱国的表现。但有时放过本可从中打捞一笔的对象，让那些迫不及待想要抢到赃物的手下不满，所以他们造反并且将本是船长的他驱逐出船。霍尼戈尔德在 1718 年接受了国王特赦，成为了一名海盗猎人，用余生来追捕他昔日的学徒和其他著名海盗。

亨利·詹宁斯

国籍：英格兰　**生于：**不详　**死于：**不详

飞天帮的另一位创始人亨利·詹宁斯的第一次海盗活动是搜寻于 1715 年遗失的西班牙财宝船队。他后来成为拿骚实际掌权的市长，也成了霍尼戈尔德的敌人，他是查尔斯·范恩、杰克·莱克汉姆等人的导师。詹宁斯因一次对法国商船的袭击而出名，在这场糟糕的袭击中，他遭到山姆·贝勒米的背叛，后者卷走了他的赃物。据记载，詹宁斯杀死了 20 名法国和英国水手，一把火烧了一艘英国商船。1718 年，詹宁斯接受了特赦，不再从事海盗活动。

爱德华·蒂奇

国籍：英格兰　**生于：**约 1680 年　**死于：**1718 年

黑胡子是他更广为人知的名字，他可以说是整个海盗历史中最有名也最可怕的海盗了。本杰明·霍尼戈尔德是他的导师，而他在 1717 年霍尼戈尔德退休时接手了几艘导师的小船。他袭击和截获一艘法国船只，也就是他的旗舰“安妮女王的复仇”号。这艘装有 40 门炮的船战斗力不容小觑。虽然他通常借助自己恐怖的名声而不是实战来抢夺财物，英国派海军追捕他时，他还是奋起反击了，最终在一场恶战后投降。

查尔斯·范恩

国籍： 英格兰

生于： 约 1680 年　**死于：** 1721 年

范恩和其他飞天帮成员发现了于 1715 年沉没的那支西班牙财宝船队遗失的财宝，这可算作典型的浪漫海盗故事了。1718 年他被英国捉拿后，蒙骗了政府，谎称他意欲投降。回到海上后，他成了一个出了名的对敌人和朋友都非常粗鲁残酷的人。他始终拒绝向当局俯首称臣，突破了拿骚的封锁，避开了 1718 年特赦。他将船装满火药和炸药，对准英国人，炸出一个大洞后便逃之夭夭。

“棉布”杰克·莱克汉姆

国籍： 英格兰

生于： 1682 年　**死于：** 1720 年

杰克·莱克汉姆被称作棉布是因为他爱穿色彩鲜艳的棉布衣服，最让人印象深刻的是他的海盗旗，以及男女混搭的海盗团队。他成为海盗是在对查尔斯·范恩造反之后，当时范恩因为拒绝攻击一条富裕的法国船只而失去了手下的信服。莱克汉姆在拿骚附近抢劫，他最初与安妮·波尼有染，两人逃往公海，招募他们攻击的船只上的船员。某次在港口喝得酩酊大醉后，莱克汉姆的船被截获，这名船长于是被送往皇家港口跳大麻吉格舞了（被绞死）。

斯蒂德·邦内特

国籍： 巴巴多斯　**生于：** 约 1688 年　**死于：** 1718 年

成为罪犯之前，斯蒂德·邦内特曾是一名地主，人称“绅士海盗”。在美国东海岸抢劫船只后，他在拿骚见到了爱德华·蒂奇，便开始和蒂奇共事。实行抢劫时，邦内特因为有旧伤，无法指挥作战，但仍旧跟随黑胡子和手下参与了多起抢劫。后来，对邦内特不满的船员都投靠了“安妮女王”的复仇号，邦内特几乎将一切都输给了黑胡子，黑胡子本人也随即背叛了他，带着他们的不义之财逃走了。

山姆·贝勒米

国籍： 英格兰

生于： 1689 年　**死于：** 1717 年

和许多其他海盗一样，“黑山姆”贝勒米得名于他独特的外型。他喜欢穿黑色外套，从来不戴当时流行的假发，而是顶着一头天然的黑发，为了不遮住脸，他经常将头发绑起来。1716 年对本杰明·霍尼戈尔德发动叛变后，贝勒米成为了最富裕的海盗。最近挖掘出来的维达号，也就是他的旗舰，显示出在他去世的 1717 年，他已经积累了重达五吨的赃物。

奥利维·“拉布斯”·莱维塞尔

国籍： 法国

生于： 约 1688 年　**死于：** 1730 年

和许多英国私掠者一样，莱维塞尔并不想因为西班牙王位继承战争的结束而结业。他因为攻击时迅猛而无畏被人称作“秃鹰”。莱维塞尔因他埋藏的宝藏而出名，他还为这笔财宝设计了一系列线索。他留下的线索包括神秘的暗示、密码、石刻还有一串遗失的项链，许多人怀着找到财宝的希望追寻着这些线索，但目前还没有人成功。

玛丽·里德

国籍： 英格兰

生于： 约 1690 年　**死于：** 1721 年

玛丽·里德最初在皇家海军中担任水手（女扮男装），被海盗捉住后，她也成为海盗，最终在 1720 年开始与杰克·莱克汉姆共事。她只愿在安妮·波尼面前展现女儿身，两人可能有过私情，但她们为了不让莱克汉姆妒忌，一直对此事保密。一个酩酊大醉的夜晚过后，整条船都被捉住，里德称自己有身孕，“为肚子里的孩子而乞求”不要被处决，但最终在被关押时期患病并去世。

保斯葛雷福·威廉姆斯（Paulsgrave Williams）

国籍： 美国　**生于：** 1676 年　**死于：** 1724 年

作为山姆·贝勒米的同谋，威廉姆斯也参与了搜寻 1715 年遗失的西班牙财宝船队。但他和贝勒米都非常失望地发现在他们到达之前，大部分宝藏就已经被人拿走了。他们没有放弃，威廉姆斯决定要“抢救”那些还在航行中的船只的财宝，因此成为了海盗。与同伙不同的是，威廉姆斯总是喜欢在加勒比酷热的阳光下戴着一顶精心保养的白色假发。他的同僚们经常对他的白色假发和被阳光晒黑的皮肤形成的鲜明对比品头论足。

山姆·贝勒米

黑衣海盗

山姆·贝勒米可能找到了当时已知的最大一笔宝藏，但在一场风暴中，他失去了一切，包括自己的生命。

出生于长岛科德角、从小在当地浓厚的海盗历史文化中长大的巴里·克利福德（Barry Clifford）在 1984 年成为了新闻的头条。他热衷于海底探险，发现了海盗船长山姆·贝勒米的著名的维达号的残骸，该船于 1717 年 4 月 26 日因行至浅滩、遇上风暴而失事，在海底沉没了 200 多年。

克利福德发现了 20 万件工艺品以及大量宝藏。由于很多关于埋藏宝藏的传说只存在于通俗小说和电影中，发现维达号及船上物品实属罕见。这艘船就是海盗曾用肮脏的双手获取贵重财宝的证据，而且是确凿而充足的证据。这是来自海盗黄金时期的真实历史发现。船长山姆·贝勒米（1689—1717）成为了迄今为止获得财产最多的海盗，这让他的名气经久不衰。

许多传说都始于一个黑暗的风暴之夜，维达号的沉没也不例外。在海盗的传说中，贝勒米的死以及所有财宝的遗失甚至带有一丝悲剧色彩。船长山姆·贝勒米永远被人称为“黑山姆贝勒米”（因为他偏爱黑色衣服），他的手下从布鲁克岛东海岸出发，向科德角北边行进，当时贝勒米想要迅速前进，将两艘大船编进原本由 4 艘船组成的船队。雨下得很大，冲刷着一名后背流血的水手，能见度非常差，风异常的大。他们几乎是盲目地行驶在这片危险海域，因为这里的浅滩很容易让船搁浅。船位于背风岸（风从海上吹来，把船往岸的方向吹），导致一艘名为玛丽安妮号的单桅战船几乎要被海浪撕成碎片。船员们想要救它，他们砍掉了桅杆，让船缓慢行驶。他们最终成功了。

离海岸更远处的维达号，在海中浮沉，被拖向岸边。即使海盗试图在风暴中用锚去稳定船身，也无济于事。这么大的一艘船无法在背风岸存活。随后维达号在离海岸仅几百海里的地方触到了浅

决胜一瞬

财宝猎人成为海盗

贝勒米从英格兰航行至长岛北端的科德角，和住在当地的亲戚会面，这时他加入了搜寻于1715年遗失在弗罗里达的西班牙财宝船队的探险中。探险失败后，船员都成为了海盗，加入了本杰明·霍尼戈尔德和爱德华·蒂奇，也就是黑胡子的队伍。

1716年

作为获得史上数目最庞大的宝藏的海盗，山姆·贝勒米船长赢得了响亮而经久不息的声名。

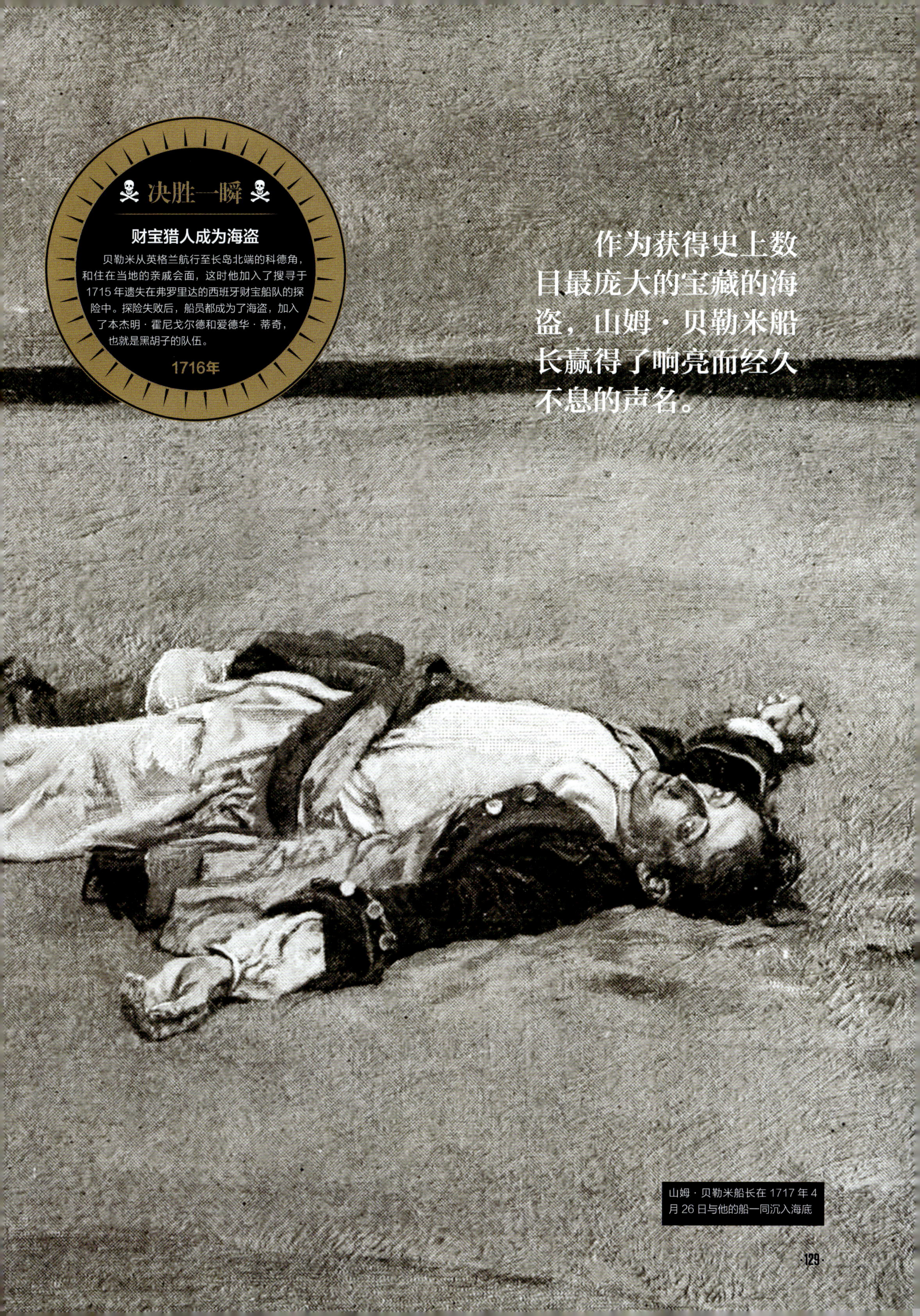

山姆·贝勒米船长在 1717 年 4 月 26 日与他的船一同沉入海底

滩，很快被撞成了碎片。只有两人存活。几天时间里，无数具被水泡胀的尸体被冲上海滩，螃蟹和其他海洋动物意外地享用了一顿盛宴。

贝勒米约于 1689 年生于德文郡一个叫希特斯雷的地方，从小便渴望海上生活。他在皇家海军期间一直在西印度群岛与西班牙战斗。服役多年后，他登上一艘单桅战船拔示巴号，成为一名海盗，在 20 多岁的时候就成为有名的雷厉风行、教养良好的海盗，这在当时是不多见的。抢劫船只时，他并不劫持俘虏，而是觉得自己是个罗宾汉式的人物，手下们就是那群绿林好汉。

当贝勒米拿下本杰明·霍尼戈尔德的装有8门炮的战船玛丽安妮号时，他才真正进入海盗的历史。因为霍尼戈尔德这名前私掠者曾公开宣称自己的爱国立场，即使他当时已经成为了牙买加地区的海盗，他也拒绝袭击英国商船。霍尼戈尔德的手下有个叫爱德华·蒂奇的、长着黑胡子的小伙子。他和其他手下不一样，等待着被霍尼戈尔德提拔的机会。后来，他成为了大名鼎鼎的“黑胡子”。

维达号上的厨房钟

霍尼戈尔德不攻击英国船只的政策让贝勒米和其他英国人产生了争执和裂痕。但有一段时期，霍尼戈尔德、贝勒米以及另一名法国海盗奥利维·拉布斯·莱维塞尔合作，成立了一支 3 艘船并驾齐驱的船队，即本杰明号、玛丽安妮号以及拉布斯的玻斯蒂珑号（Postillon）。在尤卡坦海峡（Yucatán Channel，位于墨西哥和古巴之间），这 3 名海盗率队截获了一艘英国船只（不顾霍尼戈尔德的反对）以及几艘西班牙船只。贝勒米还趁机打劫了几艘小型双桅平底船。还有一次，他们与亨利·詹宁斯领导的私掠船合作，袭击了一艘由埃斯库贝船长领导的法国商船圣玛丽号。他们朝船连续开枪，割断船锚，海盗和私掠者共同登上了这艘装有 16 门炮、载有 30000 枚西班牙银圆的船。船上的船员并没有受到暴力对待，这是贝勒米

决胜一瞬

截获维达号

载有大量财宝的维达号行驶至古巴和西斯帕尼奥拉岛之间时被海盗发现。贝勒米下令追逐该船，一直追了三天。不过，贝勒米没有杀掉船长或船员，而只是将他的一艘旧船换成了维达号。随后他驶往美国海岸去见一个老朋友，这艘船于是走向了毁灭之路。

1717年

“他们亮出一面巨大的黑色旗帜，上面有骷髅头和交叉腿骨，然后就开始追逐敌船”，贝勒米的船员托马斯·贝克这样说道

当海盗的习惯，他通过这种和平的方式攻下了 50 多艘船。

感谢巴里 · 克利福德找到了维达号的残骸，船上的物品才能再次问世。这笔赃物数目惊人！共有来自不同国家的 8397 枚钱币，8357 枚西班牙银币，9 枚金币，4131 枚西班牙银圆，17 块金条，14 个金块，6174 枚散金，还有金粉。财宝中还有来自非洲的珠宝。贝勒米和手下一定不敢相信自己会这么好运。但他们还没有机会享用这笔财宝，就被突发事件打倒。贝勒米船长肯定考虑过将这笔财宝当做自己的退休金。

出事时，维达号还是第一次出海。这艘船建于英格兰，于 1716 年作为奴隶贩运船而投入使用，它的名字来源于一个非洲商栈。它有三个桅杆，重达 300 吨，装有 10 门大炮，长约 100 英尺[①]。在非洲挑选好准备卖给西印度群岛种植园的奴隶后，维达号从非洲西海岸出发，穿越大西洋，正航行在向风海峡时，它被贝勒米的手下发现了。这艘大船刚好可以拿来替换现在的船苏丹娜号，因此贝勒米下令追逐该船。三天后，维达号近在眼前，几乎没有反抗。贝勒米从苏丹娜号上搬来 10 门大炮，正式将维达号据为己有。他现在接管的是一艘装有 28 门炮的战舰了。再加上船上的财宝，他一定觉得好运就在他眼前对他微笑。

科德角的当地人认为贝勒米返回此地是因为他深深爱上了一个叫做玛利亚 · 哈勒特（Maria Hallett）的美国女人。可是不管怎样，他还没到长岛海岸，维达号就在风暴中沉没，只有两个船员幸存。玛丽安妮号上的 7 名船员也经历了这场风暴，但在第二天被两名渔夫救起，移送当局处理。维达号上的两名船员，托马斯 · 戴维斯和约翰 · 朱利安也被移交至当地执法机构，随后接受了审判。戴维斯不是海盗，他本是圣迈克号上的木匠，这艘船被贝勒米截获后，贝勒米便强迫他为自己工作。戴维斯发起强烈抗议，说黑山姆跟他承诺过会尽快把他换掉。审判中，他提供了证词，强调他是个好人，最后判他没有海盗的罪名。约翰 · 朱利安是一名奴隶，他没有接受审判，而是按照当时惯例，又被卖身为奴，于 1733 年去世。玛丽安妮号上的船员则在波士顿接受审判，其中 6 人被处以绞刑。波士顿第二北教堂的科顿 · 马瑟（Cotton Mather）教士目睹了玛丽安妮号的船员上绞刑架的场景。他出版了一本小册子，里面记录了他与这几名幸存却最终被处以死刑的贝勒米手下的对话，其中他警示道："如果你不忏悔和自救，你的所有

2009 年芝加哥菲尔德博物馆
展出维达号上的财宝

① 注：1 英尺约等于 0.3 米。

决胜一瞬

维达号消失在海上

在维达号离海岸只有几百海里远的时候，一场风暴摧毁了它。船身进了太多水，于是倾覆，导致船上船员惊恐不已，试图游泳逃生。145名船员中，只有两人幸存。山姆·贝勒米船长也不幸丧命。与维达号同行的玛丽安妮号也消失在了风暴中。

1717年

不义之财都会在船只失事中丢失，最终归还给正义。”

像很多海盗一样，山姆·贝勒米船长有着短暂而惊心动魄的一生。他的人生其实很艰辛，并不浪漫。他的秉性和其他海盗相比或许算好的，但强盗就是强盗。他的海盗生涯也同样短暂。他27岁开始成为海盗船长，在加勒比地区巡航，死时年仅29岁。

如果说黑胡子是典型的坏海盗，那么贝勒米可以说是典型的好莱坞反英雄电影中那种潇洒倜傥的海盗。他自诩为罗宾汉无疑是夸夸其谈，但他以罗宾汉的方式对待敌人，过程中还带有耍派头和幽默的色彩，这种“好海盗”的形象让人遐想连篇，以至于容易让人忽略了实际的海盗生活和行为是多么的冷酷和残忍。

X 标志着失事地点。维达号在长岛海岸附近沉没

本杰明·霍尼戈尔德

海盗变身海盗猎人

这名在加勒比海域活动的私掠船船长成为海盗，当了著名的黑胡子的导师，接受了国王特赦，又成为一名冷酷的海盗猎人……

在西班牙王位继承战争结束，并于1713年英国达成乌得勒支条约后，本杰明·霍尼戈尔德成为了一名海盗。这场席卷世界的冲突让皇家海军耗尽了军费，海军部让多艘战舰退役，解雇了将近一半的劳动力。世界各地上千名水手突然失业，那些没有失业的也发现自己的薪水骤然减少，私掠者再也没有工作可接。

在西印度群岛，水手们发现自己处于一种危险的境地。西班牙船只持续攻占英国船只，除了给英国船员造成身体伤害外，更损人尊严的是他们趁船员们被监禁起来就扣押他们的工资。对许多人来说，当海盗是唯一的出路。无疑，霍尼戈尔德这位在战争时期战绩显著的前私掠船船长也这样认为，于是他和爱德华·蒂奇（即后来的“黑胡子”）在1713年年末共同开始从事海盗活动。

他选择将大本营放在巴哈马群岛，这里优越的地理位置让人能轻易截获西班牙和法国的船只，又能凭借错综复杂的水路提供充分的庇护。但只有傻瓜才会不带着本地熟练的舵手就贸然来到此地。新普罗维登斯的巴哈马岛在战争中损失惨重，当时在拿骚城只有一个遍地白骨的居民区。这就是未来霍尼戈尔德的大本营。

霍尼戈尔德的海盗生涯起步较低，最初只有3艘装有易船的桨和索具的独木舟，能快速攻击小型战船和散落在加勒比海岸的西班牙种植园。霍尼戈尔德的手下兵分三路，实施了长达一年的扫荡，抢得估值超过6万英镑的赃物。西班牙当局展开报复性袭击，将船队打得七零八落，但霍尼戈尔德没有逃走，而是留在了防御坚实的海湾岛。据说蒂奇也和他在一起。

到1714年夏，霍尼戈尔德已经掌控了一艘名为快乐返航号的小型战船，开始出海袭击古巴和弗罗里达地区的西班牙殖民地。当年秋天，他拥有了自己的船，12月份，还截获了一支载满财宝的小型古巴船队。他抢到的超过1万英镑的赃物为他建立起巴哈马海域杰出海盗的响亮名声。

1715年年末，他的职业生涯发生

决胜一瞬

乌得勒支条约

这一系列条约终止了西班牙王位继承战争，也结束了西印度群岛地区的私掠行为。这迫使很多海员成为海盗，包括霍尼戈尔德和他的中尉爱德华·蒂奇，他们的起点是新普罗维登斯的巴哈马群岛。

1713年

霍尼戈尔德的手下实施了长达一年的扫荡，抢得估值超过6万英镑的赃物。

了一个更为堕落的转变。在此之前，他一直都把自己当成一个私掠者，仍然在与西班牙战斗，尽管他并没有接到官方指派的任务。但在 11 月他截获了英国船只玛丽号。这艘单桅战船可容纳 140 人和 6 门炮。霍尼戈尔德将该船及另一艘截获的西班牙船只驶进拿骚的海湾。在那里，他宣布此地的每一名海盗都受到他的保护。

这群恶棍称自己为飞天帮，将拿骚据为己有。其他地痞和海盗纷纷涌入拿骚，在这里集结起来。不久后，霍尼戈尔德又攻下一艘西班牙单桅战船，比玛丽号更大，他将其命名为本杰明号。

拿骚聚集了越来越多的海盗，成为了一个邪恶的兽穴，而霍尼戈尔德却越来越春风得意。1716 年 4 月，他截获了法国单桅战船玛丽安妮号，搜刮了总价值超过 12000 英镑的货物。他将这艘船移交给了另一个海盗山姆·贝勒米，他在古巴海岸遇见了贝勒米，并且被贝勒米的勇猛事迹打动。霍尼戈尔德将自己的手下，包括蒂奇，放在了第二位，首先提拔了他。

决胜一瞬

解放黑胡子

爱德华·蒂奇对霍尼戈尔德非常忠诚，即使在他其他手下叛变的情况下也是如此。为了奖赏他的忠诚，霍尼戈尔德在 1716 年给了蒂奇一艘船，开启了他的海盗事业，日后他成为了加勒比海盗的代名词，著名的黑胡子船长。

1716年

据说贝勒米在后来霍尼戈尔德与法国海盗奥利维·拉布斯的结盟中发挥了关键作用。虽然抢走了玛丽号，霍尼戈尔德还是喜欢把自己当成私掠者，对他祖国的宿敌法国和西班牙抱有敌意。他不愿意攻击英国船只，但在其他两名同伙的强烈要求下，他的手下还是将目标对准了尤卡坦海峡中另一艘英国船只。

这三人还不费一枪一炮便截获了两艘载满可可的西班牙双桅帆船。本杰明号因时间流逝而渐渐老化，于是他把这艘船卖掉，换成一艘稍微小一点的冒险号。可是不久以后，霍尼戈尔德、贝勒米和拉布斯之间本就脆弱的友谊开始崩塌。

霍尼戈尔德不愿攻击英国船只，这一点惹怒了两名同伙，他的手下也开始质疑他的权威。他的束手束脚让他们损失了许多财物，甚至有人责怪他把本杰明号换掉是错误的决定。随后在冒险号上，众人举行了会议并投

霍尼戈尔德截获了法国船只协和号，并把这艘船移交给了爱德华·蒂奇

威廉·霍格思创作的这幅画上描绘了巴哈马总督伍兹·罗杰斯（右）的儿子在给他展示攻占拿骚港口的计划

票，废除了霍尼戈尔德的船长职位。他的手下大部分都加入了贝勒米和拉布斯的团队。霍尼戈尔德仍然可以拥有冒险号，只是不再与其他两人结成同盟。船上还留着的只剩下中尉爱德华·蒂奇，他灰头土脸地回到了拿骚。

不过，他很快又东山再起了。这次，他决定巩固拿骚海湾的防御，让它成为真正的海盗堡垒。拿骚的居民都逃去了更安全的岛上。1716 年年末，他再度出海，截获了一艘可容纳 6 门炮的单桅战船，并将这艘船移交给蒂奇打理。拥有了自己的船后，蒂奇便有了那个传奇的别名“黑胡子”。

整个 1717 年，霍尼戈尔德和蒂奇两人合作，在美洲海岸实行了 6 次抢劫，后又回到加勒比海域四处打劫。这年 4 月，霍尼戈尔德将冒险号更名为邦内特号，并截获了载满财宝的单桅战船复仇号。到年底，两人共抢得价值超过 10 万英镑的赃物。他们成为了加勒比海域的主宰，霍尼戈尔德在各个方面都可比得上他的宿敌，亨利·詹宁斯。

到了 1719 年，霍尼戈尔德重拾全职私掠者的工作。

1717 年，霍尼戈尔德和蒂奇共同出海，将近年末时，他们来到马提尼克岛附近，攻陷了南特协和号（La Concorde de Nantes），这艘船由英国制造，但当时已落入法国手中。这是个相当不错的战利品，两人分好赃物后，便分道扬镳。船仍属于蒂奇，但被他重命名为安妮女王复仇号，并加载了 40 门大炮。

由于这片地区的海盗太过猖獗，国王乔治一世决定采取行动。1717 年 9 月，他宣告对 1718 年 1 月 5 日前的所有海盗行为给予特赦。这个公告由百慕大总督的儿子在拿骚宣布，即所谓的国王特赦，而船员中开始有了不同的声音。对于那些温和派的海盗

在大航海时代（the Age of Sail），男人经常被强征入伍，被迫加入皇家海军

来说，包括敌对的詹宁斯和霍尼戈尔德，这都是个好消息。

随着世事变化，霍尼戈尔德越来越喜欢把自己当做私掠者而不是海盗，而且与拿骚飞天帮中的许多其他海盗一样，他开始把他的赃物投资在合法买卖中。霍尼戈尔德接受了国王特赦，并来到牙买加，还与新上任的巴哈马总督伍兹·罗杰斯建立了友好关系。随着罗杰斯将那些拒不接受国王特赦的海盗捉拿归案，他也向霍尼戈尔德这个前海盗请求帮助。有谁能比前海盗更适合去捉海盗的呢？霍尼戈尔德答应了他的请求，曾经的海盗就这样成为了海盗猎人。1718 年秋，他带着逮捕查尔斯·范恩的任务出海。就在执行任务的过程中，他截获了一艘 30 吨的战船野狼号以及海盗惯犯尼古拉斯·伍德尔（Nicholas Woodall），后者当时正将物资和军火走私到范恩在绿龟岛的窝点。这年冬天，他捉住了更多海盗，包括曾给黑胡子当过炮手的威廉·坎宁安。

到了 1719 年，霍尼戈尔德重拾全职私掠者的工作，接受罗杰斯委派的任务，对付那些来自他从前的基地拿骚的西班牙船只。据查尔斯·约翰逊船长在著名的传记体小说《海盗通史》中的记载，霍尼戈尔德可能死于船只失事。虽然现代历史学家并不同意这个观点，有人认为他死于一场发生在哈瓦那附近与一艘西班牙单桅帆船的会面之后，可能死于战斗，也可能死在古巴的监狱里。不过有一点可以确定的是，此后再没人听到过这个曾经是臭名昭著的飞天帮的核心成员的消息。

☠ 决胜一瞬 ☠

国王特赦

为了抑制西印度群岛的海盗行为，乔治一世决定颁布国王特赦，由文森特·皮尔斯船长于 1718 年将此公告转达给拿骚的海盗们。这本可能造成紧张局面，但霍尼戈尔德建议海盗们接受国王的橄榄枝，即使后来有很多海盗又反悔了，但霍尼戈尔德让紧张的气氛得到了缓和。

1717年

亨利·詹宁斯

海盗团伙的智多星

亨利·詹宁斯不是一名寻常海盗，他的寿命很长，足够他安享晚年。

与海盗黄金时代的许多著名人物一样，亨利·詹宁斯的一生笼罩着神秘的面纱，他的出生时间已经消失在历史的迷雾中。他来自何处，在西班牙王位继承战争中作为私掠者而出名之前又是如何生活的，大部分都是未知的，但所有消息来源都认为他是牙买加富有的种植园主，那么为什么他会放弃这一切，而选择在海上冒险的生活？这仍然是一个谜。无论促使詹宁斯成为海盗的原因究竟是什么，私掠者的工作都给他带来了丰厚的利益。在他的种种劣迹中，詹宁斯的可怕声誉还是来自 1715 年进行的一次特别大胆的袭击。

1715 年 7 月 31 日，载满宝藏的西班牙财宝船队试图在美国的海岸航行。船队在巴哈马群岛周围恶劣的天气中幸存下来，抵达佛罗里达州时，飓风来袭让一切变得更加糟糕。在糟糕的天气中，这支舰队被撕成了碎片，大量黄金和宝藏随着船队的残骸而遗失。当西班牙菲利普五世国王听说他的船队失踪时，立即宣布船上宝藏是西班牙的合法财产，其他国家不得拿走一分一毫。与此同时，西班牙船员立即出动抢救他们能找到的宝藏。他们成功地找到了旗舰厄卡·德·利马号（Urca de Lima），并开始打捞其中的无价之宝。为了保证这些宝藏的安全，他们在圣奥古斯丁修建了一座堡垒，将宝藏储存在堡垒中，同时继续进行打捞工作。

当然，敌国对西班牙国王发出的命令充耳不闻，毕竟这可是一大笔财富，不久之后，来自世界各地的私掠者和船只前往佛罗里达，也就是船队失事的地点。在牙买加的历史记载中，詹宁斯带领自己的船队，将目光瞄准了失散的宝藏。作为单桅帆船队拔示巴号（Bathsheba）的船长，他朝着失事的船只出发，决心在海上发财。

当詹宁斯到达海岸时，他看了一眼西班牙堡垒，就知道他可以轻易地攻破它，并猜到堡垒里藏有宝藏。由于他的船员数目远超过西班牙士兵，比例大概为四比一，詹宁斯命令西班牙船员投降。起初船员们拒绝了，经过一场短暂的打斗之后，士兵们纷纷倒下，海盗将他们的船装满宝物，返回牙买加。沉船事件刚发生时英国和

在詹宁斯的“统治”下，新普罗维登斯岛成为了海盗的天堂。

西班牙处于和平状态，詹宁斯的行为是非法的，但没有受到惩罚。事实上，直到他后来抓住一艘法国船只，并引发了一场外交风波，这个恐怖而幸运的海盗才迎来了糟糕的局面。

虽然是黑山姆贝勒米的合伙人，但詹宁斯并不是一位绅士，他喜欢粗暴地回击那些企图反对他的人，屠杀敌人并且无情地将他们的船抛弃。最终，贝勒米越来越贪婪，他背叛了自己的同伙，导致詹宁斯为了报复，残忍地杀害了一群法国和英国俘虏。尽管他对西班牙财宝船队展开的行动已经得到了牙买加总督阿奇博尔德·汉密尔顿（Archibald Hamilton）勋爵的批准，但当詹宁斯结束最后一次行动并返回该岛时，他发现他已被国王乔治一世划为海盗。这时如果他放下船锚，踏上小岛，可能就会被送上绞刑架。他被迫离开舒适的生活，逃往巴哈马，在新普罗维登斯安家，把注意力转向了死水一样毫无生气的拿骚城。在这里，他建立了一个传奇的海盗窝点，最终成为这个共和国实际掌权的市长，受到所有人的爱戴。

作为新普罗维登斯的统治者，詹宁斯过着奢华的生活，以他的残酷和富有而闻名。所有在那里避难的人都

决胜一瞬

接受特赦

当了多年的新普罗维登斯统治者后，詹宁斯富有得超乎想象，人们对他又尊敬又畏惧。他接受了巴哈马总督伍兹·罗杰斯给予他特赦，并且在百慕大隐退。在那里他可以过上自由自在的富足生活。

1718年

詹宁斯成为了新普罗维登斯这一海盗窝点的实际统治者

从自己的战利品中抽出大部分上交给他以换取保护，而且他的外交手腕为他获取了巨大的利润，他因此变得极其富有。为什么这样一个富有的种植园主最初要当私掠船船长，然后又做海盗？历史没有说明，但詹宁斯充分利用了他所拥有的一切，最后为自己换取了社会地位。

当伍兹·罗杰斯被任命为巴哈马总督时，詹宁斯接受了特赦并改变了信念，成为一名以追捕从前的朋友为任务的海盗猎人。他已经充分实现了自己的梦想，在海上他是私掠船船长，同时还拥有一座富饶的岛屿，可供他返航时休息。

最终，詹宁斯放弃了他的航海生涯，退休后在百慕大的种植园享受奢华的生活。也许是为了让海盗这种沾染着暴力和犯罪的人物得到罪有应得的结局，一些传说称他无法抵抗海盗的生活，导致他最终被西班牙人俘虏并被关在监狱里自生自灭。事实上，亨利·詹宁斯没有受到这样的惩罚，随着年龄增长，他越来越富有，在百慕大的家中安享了晚年。

一阵短暂的打斗后，西班牙士兵投降了，将他们抢救的财宝交给了詹宁斯

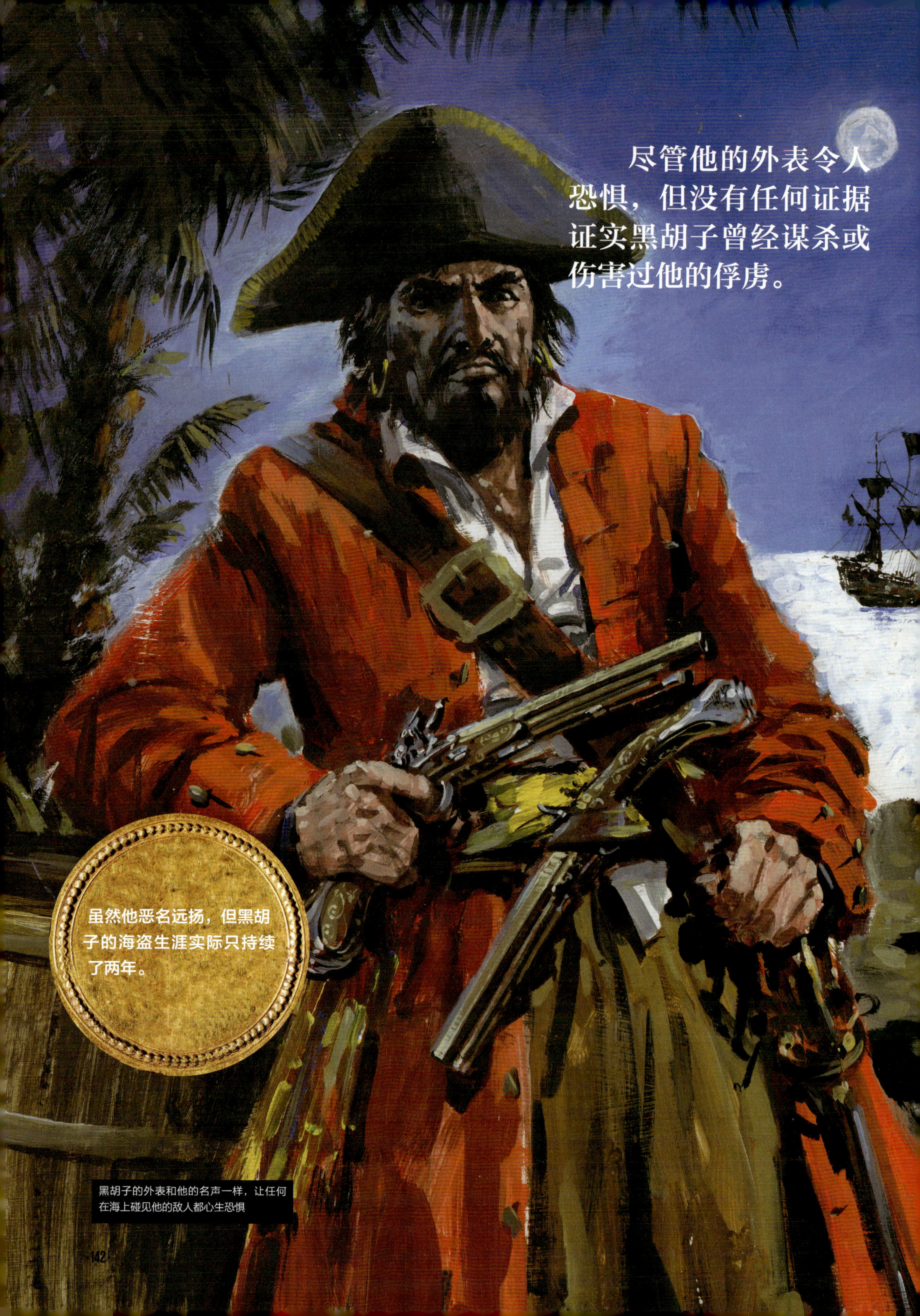

尽管他的外表令人恐惧，但没有任何证据证实黑胡子曾经谋杀或伤害过他的俘虏。

虽然他恶名远扬，但黑胡子的海盗生涯实际只持续了两年。

黑胡子的外表和他的名声一样，让任何在海上碰见他的敌人都心生恐惧

黑胡子

传奇海盗

黑胡子究竟是恐怖的海盗还是善于营造自己恐怖形象的大师？

作为一名可怕的海盗、海上恐怖分子，黑胡子已成为航海故事中的传奇人物，尽管他的职业生涯仅仅持续了两年，但历史书籍却少不了关于他的记录。爱德华·蒂奇的早年生活鲜为人知，在他出生多年之后才出现有名的别称“黑胡子”。历史学家估计大概是在 1680 年左右。但人们对他的真实身份也鲜有了解。爱德华·蒂奇、萨奇和萨克三个名字都有历史记录，而当时海盗使用假名是很常见的，原因是不想损害家族声誉。他的真实身份可能永远都是一个谜。

蒂奇在布里斯托尔的海港长大，很可能在西班牙王位继承战争期间，也就是安妮女王的战争期间，就开始了他的私掠者生涯——在战时政府授权下攻击外国船只。

战争结束后，他前往新普罗维登斯，这里是一个除了海盗、商人和过路旅客外没什么人居住的地区，尚未建立起法律和秩序。在这里，他遇到了著名的海盗本杰明·霍尼戈尔德。和其他寻求冒险和财富的人一样，他以船员的身份加入了对方的船。但霍尼戈尔德看出蒂奇有一些与众不同。

蒂奇在布里斯托尔长大，最初可能是一名私掠者。

正如历史学家查尔斯·约翰逊在其1724年出版的《海盗通史》一书中所写的那样，蒂奇“那份不寻常的勇气让他与众不同”。霍尼戈尔德让蒂奇指挥一艘单桅帆船，他们开始了沿着殖民航线的恐怖统治。

两人的合作很成功，但也产生了分歧。当时的船只很少运载珍贵的货物，当然运送大量黄金和白银的船就更少了，所以海盗依靠抢夺可可、棉花和朗姆酒等一般商品来供自己使用，或者在港口转卖。霍尼戈尔德和蒂奇的策略似乎并不一致。例如，1717年9月，他们在弗吉尼亚夺取了贝蒂号，但是在将该船及其余货物沉没之前，他们只拿走了船上的马德拉葡萄酒。

到了1717年年底，蒂奇已经因为那让人过目不忘的胡子及其富有的海盗船而出名。对于舰队的船员来说，黑胡子的这艘英国船上的宝藏太诱人了。由于担心遭到叛变，霍尼戈尔德决定退休并接受皇室赦免，留下蒂奇全权负责。正是在这个时候，“绅士海盗”斯蒂德·邦内特加入了蒂奇的队伍。邦内特来自一个富裕家庭，曾是土地主和军官，他无法控制粗暴的手下，因此归顺于蒂奇。于是两班人马共同航行。

到目前为止，已经出现了关于蒂奇或黑胡子的官方报道，这说明他已经成为一位强大的、受人尊敬的领导者和一个有能力的海盗，但是在1717年11月过后，他才真正成为传奇。在马提尼克岛附近的圣文森特海岸攻击法国商船南特协和号之后，蒂奇把这艘船据为己有，将其重新命名为安妮女王复仇号，并在船上装备了40门炮。这是一艘巨大而又气势雄壮的船，上面挂着一面黑色旗帜，上面的图案是一具骷髅拿长矛刺向一个心脏——这个图案很快就成为世界公海上的恐怖的代名词，并且完全符合黑胡子所营

没有任何证据证实黑胡子曾经谋杀他的俘虏。

关键时刻

蒂奇变成海盗，1716—1717年

签署乌得勒支条约之后，女王安妮战争结束，蒂奇搬到无人居住的新普罗维登斯岛，从这里很容易到达主要航道，因此这里成了海盗、商人和过路旅客的栖息地，一个尚未建立法律和秩序的国家。在这里，他遇到了著名的海盗本杰明·霍尼戈尔德并加入了他的团队。霍尼戈尔德给了他一艘单桅战船作为奖励。不久之后，两人一起在海上抢掠，横扫哈瓦那、百慕大、马德拉和弗吉尼亚。蒂奇凭借自己的力量正式成为一名被官方记录在案的海盗。

关键时刻

黑胡子获得宝藏，1717年11月

11月28日，黑胡子的两艘船袭击了正从圣文森特海岸运送奴隶的法国商船协和号，向其舷墙发射大炮并迫使其上尉投降。黑胡子把自己的两艘小船给了南特协和号上的船员，将协和号并重新命名为“安妮女王复仇号”。他为这艘船配备了40门炮，将它变成了世界上最强大的海盗船之一。

1680

爱德华·蒂奇出生

关于其出生，并没有确切的记录，但历史学家推测他生于1680年左右，可能出生在布里斯托尔，是当时非常重要的一个国际海港。

1680年

入行

在安妮女王战争期间，即英法两国争夺对北美的控制权时，蒂奇是一名私掠者。他的安妮女王复仇号就是根据这一时期的经历命名的。

1701—1714年

传奇诞生

在一份呈给英国殖民地议会来讨论霍尼戈尔德海盗活动的报告中提到了黑胡子，“黑胡子”这个名字开始出现在官方记录中。

1717年春

单打独斗

本杰明·霍尼戈尔德的船员抱怨收入不够，于是将他推翻，霍尼戈尔德离开船长的位置，将一切留给黑胡子打理。两人此后再没相见。

1717年末

封锁查尔斯顿

黑胡子封锁了查尔斯顿的港口，劫掠商船，掳走克劳利号上的船员和乘客，查尔斯顿城一直笼罩在黑胡子带来的恐怖之中。他提出希望得到医疗物资的要求被满足后，便释放了人质，没有抢走他们的钱财或衣物。

1718年5月

蒂奇把这艘船据为己有，将其重新命名为安妮女王复仇号，并在船上装备了40门炮。

关键时刻

结局的开端，1718年10月

黑胡子在奥克拉科克岛上与包括查尔斯·范恩，伊斯莱尔·汉兹和棉布杰克在内的几个可疑人物会面。弗吉尼亚总督亚历山大·斯波兹伍德发布了一项声明，表示所有以前的海盗必须让当局知道自己的身份，不得形成多于三人的团体。州长命令一些船长，包括罗伯特·梅纳德中尉，前去捉拿黑胡子。

1719

背叛

安妮女王复仇号触礁后，他的同伙邦内特前往查尔斯·伊顿总督处请求特赦，而黑胡子不仅卷走船上所有值钱物品，还流放了邦内特的手下。

1718年6月

平静的生活

黑胡子向弗吉尼亚总督请求特赦，在这个急需发展经济的城市受到了优厚待遇，他决定在巴斯定居，娶妻。

1718年6月

破戒

过了几个月的平静生活后，黑胡子乘一艘单桅战船冒险号驶向圣托马斯，想找到一份私掠者的工作。他又变成了海盗，宾夕法尼亚总督发布了他的逮捕令。

1718年夏

黄金时代的终结

海盗向追捕黑胡子的梅纳德开火。黑胡子误以为自己必胜无疑，于是登上了梅纳德的船，但很快就被打败。一场恶战过后，黑胡子被杀死。

1718年11月

手下的命运

黑胡子的手下在弗吉尼亚威廉斯堡接受了审判。记录显示其中一人被无罪释放，一人被赦免，其他都被处以绞刑。

1719年3月

黑胡子时代的生活

安妮女王战争

黑胡子的海盗生涯始于西班牙王位继承战争的结束，这意味着成千上万的海员被解雇，在跨大西洋殖民航运交易繁荣时期，出现了大量训练有素但无事可做的水手。因此，海盗船长总能招来大量新的手下。

海盗也是赞助人

虽然当时海盗常常被视为卑鄙之人，但官方的看法有时是完全不同的，英国政府认为成为海盗的私掠者是一种非正式的“后备海军”。英国定期向海盗发放国王特赦，公众舆论也往往偏向海盗一边。

女海盗

海盗无疑是男性的游戏，所以历史上有两位著名的女海盗——安妮·波尼和玛丽·里德。她们一直女扮男装。当她们的船在 1720 年遭到袭击时，只有这两名女海盗和另外一名男海盗奋起抵抗，因为其他船员喝得太醉，无法战斗。

海盗的生活

船上的生活和舒适无关。船员们生活在狭窄肮脏的地方，食物很快就会变质，很难获得新鲜的水（所以很多海盗以朗姆酒代水）。有一种主食叫“硬饼干”，水手们为了避免看到上面的象鼻虫，通常在黑暗中吃这种饼干。

海上迷信

海盗和水手的迷信是出了名的，他们相信有女人在船上会招致厄运，这对贪图女色的船员来说肯定是一个问题。在船上吹口哨会招来风暴。许多海盗相信穿耳洞会改善他们的视力。

造的形象。

黑胡子是一个高大、身材魁梧的男人，胡须覆盖着他的大部分脸颊，他的形象非常可怕——这也是他在战斗中经常扮演的角色，他在胸膛别上三把手枪，并在帽子下面放上火柴以制造一种可怕的氛围，让人感觉他像魔鬼一样突然跳出来。正如约翰逊所写，“他的形象太过可怕，即使你在头脑中想象来自地狱的怒火，也没有他让人害怕”。黑胡子是一个了解外表的重要性的人，并且认为制造恐怖气氛比单独依靠肢体搏斗的效果要好。

黑胡子最有名的船是违法抢来的安妮女王复仇号

尽管他外表令人恐惧，但没有任何证据证实黑胡子曾经谋杀或伤害过他的俘虏。尽管在炮轰敌船迫使其放弃抵抗的过程中无疑杀死了许多人。他允许那些投降的人自由航行，不过财产肯定是被抢走了。那些抵抗的人被流放，他们的船被焚毁，但他们至少能逃过一死。

然而，有很多传说和报道表明，他对被俘船只是表现出相对的怜悯，他仍旧是一个残酷的人。有一个故事声称他开枪射杀了自己船上的大副，说“如果他时不时地打死一两个（船员），他们就会忘记他是谁”。另一则故事中，黑胡子喝了很久的酒，然后与手下打赌谁能在放了几锅点燃的硫黄的船舱内待得更久。除了黑胡子之外，所有人惊慌失措地逃出来，呼吸新鲜空气，这个船长最后才出来，咆哮道：“瞧瞧你们这样子，我比你们这些懦夫强多了！”有人甚至声称，黑胡子会强迫他的年轻妻子向他的同伙们卖淫。

1718 年 5 月，黑胡子再次表现出他的双重性格，在封锁查尔斯顿期间，他既表示怜悯，又发出威胁。他的船队堵在查尔斯顿港口，港口没有警卫船，这里的船相当于随他们挑选了。他们抢走了克劳利号，一艘搭载着一群杰出的查尔斯顿公民开往伦敦的船，这群公民中包括南卡罗来纳州议会议员塞缪尔·雷格（Samuel Wragg）。黑胡子要求南卡罗来纳州政府提供医疗用品，并威胁说如果他的要求没有得到满足，就会将这些俘虏处决。

黑胡子算不上最成功的海盗。要知道，亨利·埃弗里在一次抢劫中获得的就比黑胡子多很多。

作为人质代表并且毫无疑问利用他的社会地位来维护自身利益的雷格同意了，一名人质马克思先生被派去与两名海盗取回物资。黑胡子给了他两天时间。可是三天过去了，这几人还没有回来，人质们都崩溃了，担心黑胡子会暴怒。最终他们收到一条消息：马克思的船已经沉没。黑胡子又等了两天，但他们仍然没有回来。

但船长并没有像他威胁的那样野蛮地处决他的人质。相反，他只是将几艘船开到了查尔斯顿的港口，造成了城里的恐慌。最终马克思带着医疗用品返回。原来他刚到达南卡罗来纳州政府办公室，药物就马上准备好了，但是和他一起来的海盗离开他去喝酒了。最后马克思发现他们喝得酩酊大醉，根本没法将船开回去。不管怎样，黑胡子还是遵守了诺言，释放了船和俘虏。

虽然黑胡子在某种程度上是一个高尚的人，但他仍然是一个海盗，而他喜欢背叛别人，特别是自己的人，这一点从1718年6月的事件就可以看得再清楚不过了。他的前船长兼导师本杰明·霍尼戈尔德以前接受了国王特赦，而且当时正处在查尔斯顿被封锁的时候，黑胡子应该也在考虑是否要接受特赦。赦免定期发放，英国官员对海盗相当宽容。例如，海盗弗朗西斯·德雷克于1581年被伊丽莎白女王封为爵士，当时他从一次世界范围的远征队返回，获得的赃物超过100万英镑。

赦免对1718年9月5日之前投降的所有海盗都有效，但也规定只有在该年1月5日前犯下的罪行才能获得赦免。理论上，这意味着黑胡子可能因为自己在查尔斯顿的所作所为而被判死刑。虽然这种情况实属轻罪，他也可能被免罪，但他希望他的人身安全能得到保证。在与邦内特讨论此事后，他派他的同伴前往巴斯镇投降。邦内特获得完全赦免，然后回到黑胡子那里去接管他的船复仇号以及船上其他船员。

然而，当他回来时，发现黑胡子已经消失，卷走了船上所有物资，并流放了所有船员。不确定邦内特请求赦免结果的黑胡子在1718年6月向总督伊登请求特赦，并在巴斯镇定居，他在那里娶了一位妻子并找到了一份私掠者的工作，这让这个曾经整日航海的海盗再度忙碌起来。

出海时，他遇到了查尔斯·范恩，而他、范恩和其他几个臭名昭著的海盗，包括伊斯莱尔·汉兹、罗伯特·迪尔和棉布杰克，一起度过了几个醉酒的夜晚。这次危险人物派对引起了当地官员的恐慌，特别是弗吉尼亚总督

西班牙银圆

因为《金银岛》等虚构故事，这个时代的海盗总是与“埋藏宝藏”扯上关系，而黑胡子也不例外。但没有证据表明他曾经埋藏过任何贵重物品，除了安妮女王复仇号的残骸外，没有任何东西被挖掘出来。事实上，唯一埋藏过宝藏的海盗是威廉·基德，他出海的时间比黑胡子早得多。但是，这并不能阻止坚定的宝藏猎人搜寻卡罗来纳州海岸的脚步，不怕一万，就怕万一。

黑胡子和其他同时代海盗掠夺的主要赃物更可能是可可和朗姆酒等易腐物，而不是神话和传说中常见的黄金白银。不过这些散装货仍然具有价值，而且在当时从事海盗是相当危险的工作，大多数人都知道在海上运输贵重物品是风险极大的行为。

亚历山大·斯波茨伍德。州长委托罗伯特·梅纳德中尉抓捕黑胡子及其船员，由弗吉尼亚州议会为他提供巨额奖励。

黑胡子最终被打败了。他认定梅纳德只有一个小小的船员，海盗登上了梅纳德的船。他们刚踏上船只，一支名副其实的军队就从船上冲出来，吼叫着向他开火，用训练有素的战斗技巧和武器打倒了这个海盗。黑胡子和梅纳德打起来，当梅纳德撤退准备向海盗开火时，黑胡子前进，然后被梅纳德的一名手下砍倒，梅纳德的船员对他发动了猛烈袭击并最终将他杀死。

对这名传奇海盗来说这是一场可怕的死亡，但他还是战斗到了最后一刻：在他被击倒之前至少身中 5 弹和 20 次刺伤。他的脑袋被挂在梅纳德的船头，对这样一个长期以来统治海洋的人而言，这是最后的羞辱。

传说中他的头骨被做成了银酒杯。在 20 世纪 30 年代，一名卡罗利纳的法官声称自己用这个酒杯喝过酒。

安妮女王复仇号

这艘著名的海盗船属于 1710—1718 年间最恶名远扬的那个海盗。

安妮女王复仇号这艘强大的船只一直肆虐在大西洋和加勒比地区。该船于 1710 年由英国皇家海军建造，法国人最先偷走了它，将其更名为南特协和号，在 1717 年落入黑胡子手中前，它是一艘奴隶贩运船。

这名可怕的海盗真名叫爱德华 · 蒂奇，原本是皇家海军的一员。然而，对于这位年轻的私掠者来说，掠夺和赃物的诱惑太大了，他觉得自己注定要当海盗。他给这艘船增加了 26 门炮，大炮总数达到 40 门，其规模意味着它可以一次性容纳 300 吨的战利品。它的主要狩猎场是北卡罗利纳海岸，船长的战术是先隐藏在不起眼的入口，然后向没有防备的过往船只的舷侧开火。趁着船只受到袭击，海盗登上船，掠夺其财富和货物。

安妮女王复仇号在黑胡子手上只服役了很短一段时间，但黑胡子靠着它的速度和力量执行了一次最大胆的任务：封锁查尔斯顿港。

1718 年，黑胡子驾驶安妮女王复仇号与其他三艘海盗船一起进入南卡罗利纳港。五艘商船遭到海盗洗劫，导致码头交通停滞了整整一周。黑胡子逃跑时，将许多查尔斯顿公民劫为人质。然后，他把他的船只和许多船员放在了北边大约 300 英里的地方，私藏了宝藏。这个臭名昭著的海盗再次逃脱，但安妮女王复仇号已经完成了最后的航行。它在 1996 年被再度发现。

与一般的海盗旗不同，黑胡子的海盗旗上的图案是一个骷髅恶魔拿着长矛刺向一颗心脏。

炮台

加农炮由绳索固定，上面还有其他保护装置。后面的绳索让人能够尽可能灵活地操纵沉重的大炮。

装弹药，开火！

在战斗的白热化阶段，每次射击前海盗会用海绵冷却加农炮，用推弹杆往大炮里填满弹药，以便再度开火。

弹药

每一台重达 900 千克的加农炮需要 4 个人操纵，每颗炮弹重达 10 千克，能穿过敌船的船尾一直到达船首。

遇难船

在确认遇难船为安妮女王复仇号前，人们对残骸研究了很多年。船上挖掘出来的工艺品现在北卡罗来纳航海博物馆展出。

航海速度

安妮女王复仇号有 3 根桅杆、8 块帆，可以在追逐敌船时高速航行，也很方便逃跑。

黑胡子的地盘

黑胡子的船长室位于船的后部，如果发生叛乱，这就是最安全的地方，不过大概只有最大胆的人才敢反对黑胡子了。

物资

备用索具、食物和饮用水储存在船舱中，军火等比较重的物品则作为压舱物放在船中央。食物则包括腌猪肉、腌牛肉和硬饼干（未发酵的饼干）。

锚

这艘船的锚自重达 1500 千克。光是拖动这个锚就需要干上一个小时的体力活。

截获

黑胡子起初在马提尼克岛遇见这艘船。当时海盗登上了两艘战船，他们轻而易举地截获了这条船，因为船上的船员都患了坏血病和痢疾，身体极度虚弱。

厨房

对于这些木质船来说，火始终是一个威胁，所以厨房里的炉子由砖砌成，旁边始终准备着一桶沙子，用于灭火。

事实上，加勒比海和大西洋的海盗像北非的巴贝里海盗一样，既是奴隶贩子，也是盗贼和杀人犯。

海盗船上的奴隶成为海盗的一员在当时并不少见

黑凯撒传奇

黑凯撒究竟是一名邪恶的海盗，还是因意外成为了黑胡子的受害者？奴隶在海盗的历史中又扮演着何种角色？

关于海盗黄金时代的真相往往比小说更怪异、更残酷。由于另外两项有利可图的业务，17 世纪中期海盗成为加勒比地区一项有利可图的业务，因为这两种有利可图的业务在该地区逐渐兴起：货运和奴隶贩卖。第一项业务为海盗提供了目标，（大量的船只）在非洲、新世界和欧洲之间的“三角贸易”中持续运送值钱的货物。货运船往返于非洲与新大陆、新大陆与欧洲之间，要经过漫长的路途。欧洲帝国创造了一个货运网络，并且这个经济体在当时已经相当成熟，可以使三角贸易中的“三条腿”都盈利。但他们还没有军事手段来确保在茫茫大海中的安全。

第二项业务是三角贸易的组成部分：非洲奴隶供应。海盗传说总是说他们的不义之财是黄金或珠宝，事实上，加勒比海和大西洋的海盗像北非的巴贝里海盗一样，既是奴隶贩子，也是盗贼和杀人犯。大西洋贸易三角的增长压低了水手的工资，而欧洲帝国之间的周期性战争也越来越频繁了，所以找到合法工作的希望非常渺茫。许多海盗是失业的水手，为了生活被迫去承担最廉价、最危险的工作。

奴隶可能没有选择，被迫成为海盗。

牙买加马隆镇

牙买加的逃亡黑奴

黑人海盗并不是唯一从奴隶贸易中逃脱并建立自己的社会的人。在新大陆的各地，逃亡的奴隶和自由人组成了西班牙语称为“cimmarons”的社区，英语中则是“Maroons”（马隆人），意为逃亡黑奴。

在牙买加，马隆人与泰诺族人结婚。岛屿内部的马隆人定居点面积很大，足以抵抗沿海地区的殖民经济扩张。1731年，英国人在第一次马隆战争中出兵进入山区，但未能击败他们。相反，英国人还通过这种方式变相地承认了马隆人的地位。有需要的时候，殖民当局会授予马隆人地方自治权，条件是他们需要服兵役。这一平衡一直持续到1795年的第二次马隆战争。

战争的直接原因是对两只被盗的猪的争议。一名黑人奴隶鞭打两名涉嫌偷窃猪的马隆人。6名年长的马隆人向英国人投诉，英国人逮捕了他们。一场起义爆发了。8个月来，5000名红衫军和民兵奋力击败这些马隆人，还动用了从古巴进口的猎犬追踪逃犯。

这场战争最不可能出现的结果是将牙买加马隆人送回非洲。当马隆人于1795年12月投降时，英国人将反叛爆发地特里劳尼的600名马隆人驱逐到加拿大的新斯科舍省，在那里他们加入了黑人保护主义者社区，与英国人一起对抗美国独立战争。1800年，英国人又将牙买加马隆人驱逐回塞拉利昂新殖民地。在弗里敦登陆后，他们被加入解放非洲人登记册。

一个马隆人聚居地阿坤鹏（Accompong）遵守了1739条约的条款，并与其他几个较小的马隆人聚居地一起幸存下来。1962年牙买加独立后，新政府承认了阿坤鹏的自主权。2005年，联合国文化机构教科文组织宣布摩尔镇马隆人的音乐为“人类口述和非物质文化遗产中的杰作”。2016年，阿坤鹏的马隆人代表团前往加纳的阿散蒂王国。到达之后，他们就开始重新建立与阿坎人和阿桑特人的关系，他们的祖先中就有这两个族群的人。

奴隶被迫通过拍卖售卖给他人

俗话说，盗贼之间可能没有荣誉，但他们之间有一种奇特的平等。任何人都可以选择成为海盗。包括奴隶在内的一些人也可能会被他们选为海盗。一旦登上船，所有人都能分到平等份额的战利品，所有人也都有被送上绞刑架的风险。但并非所有人都会被绞死。在1720年因船员喝醉导致无法战斗而被捕后，臭名昭著的女海盗安妮·波尼和玛丽·里德因为怀孕而得以免受绞刑。当女性海盗因人文关怀而得益时，黑人海盗也因遭受不人道对待而得救。作为一种有价值的商品，黑人经常被卖成奴隶，或归还给他们的主人，25%~50%的加勒比海和大西洋海盗的船员是黑人。有的是自愿入行，有的是被强制征召的奴隶。1717年，一名编号为60的黑人奴隶成了爱德华·蒂奇的第100名船员。许多黑人海盗是从西班牙、法国和英国种植园逃出来的奴隶。有的黑人被海盗看作奴隶船货物的一部分而抓获。1717年，海盗船长山姆·贝勒米从几内亚船号上夺走了25名非洲奴隶。一些奴隶被卖掉了，但其他人仍然被留在船上，签署了“协议条款”，成为与船上其他成员地位平等的船员。以巴沙洛缪·罗伯茨为例，他是黄金时代中最成功的一个海盗，在1721年，他的368名船员中有88名黑人。1722年，罗伯茨在加纳海岸附近遇见三艘皇家海军舰艇，并在对战中丧生。52名白人船员被绞死。另外65名黑人船员被交给皇家非洲公司，卖作奴隶。

这名被称为黑凯撒的海盗出身卑微。他也成为了一个传奇人物，尽管除了确定曾有一个名叫凯撒的黑人海盗身亡，众人对他没有更多的了解。然而，黑凯撒的传说反映了奴隶贸易和海盗的史实。

1718年11月22日，黑胡子的冒险号被罗伯特·梅纳德中尉驾驶的英国“简”和“漫游者”在北卡罗利纳州的奥克拉科克攻陷。黑胡子身中5弹，受了20多处剑伤和刀伤，他的头颅被吊在了皇家海军舰艇“珍珠”号的斜桅上。几天后，黑胡子的15名船员在弗吉尼亚州的威廉斯堡受审。其中13人被定罪。4个月后，他们被绞死。5~7名被绞死的海盗是黑人，其中1人被定名为凯撒。

6 年后，黑凯撒的传说出现在卡普廷·查尔斯·约翰逊的《海盗通史》中。在约翰逊的讲述中，黑凯撒是非洲酋长。在 17 世纪后期，一名奴隶贩子试图向黑凯撒展示一只手表并承诺向其提供更多礼物，诱使黑凯撒和 20 名战士登上他的船。上船后，他供给黑凯撒及其手下食物、饮料、珠宝和丝绸。奴隶贩子们投了锚，开始起航。当这群非洲人意识到他们被绑架时，已经太迟了。几周后，随着船靠近佛罗里达州，一场飓风来临。一个与凯撒结识的水手放了他，两人可能就在枪口下征服了这艘船。他们乘一艘长艇逃生，并被迎面而来的风暴拍到岸边。奴隶船似乎也触礁损毁了。

凯撒和他的朋友就用这艘长艇作为小型海盗船。当一艘帆船驶近时，他们就假装是失事船只上的水手。一旦有人对他们出手相救，他们就拿出武器并要求对方交出食物、弹药和贵重物品。然后，他们逃到了佛罗里达群岛最北端的埃利奥特岛（Elliot Key）的红树林沼泽地，将他们的战利品埋起来。在其中一次袭击中，凯撒的同伙绑架了一名年轻女子。两名海盗争夺这一女子。而凯撒杀死了他的朋友，将该女子据为己有。

随后凯撒扩大了他的行动范围。他招募了一个船员，并开始在公海拦截船只。如果他被人追捕，他要么拐进小溪和沼泽摆脱追捕者，要么消失在红树林中。埃利奥特岛以北的凯撒溪正是以他的名字命名的。为了隐藏他的船，他有时降低桅杆并将船沉入浅水中，有时会将一枚金属环固定在岩石上，并用粗绳将船翻转。在一张 18 世纪的佛罗里达南部的地图上就标着“黑凯撒的岩石”，指的显然就是他这个伎俩。

传说，黑凯撒在埃利奥特岛建立了一个专制独裁的私人王国。他拥有一个超过 100 名女性组成的后宫，这些女人都是从船上绑架来的。可以设想，她们之中很多人曾经也是奴隶，在这里过的只是另一种奴隶的生活。他还劫持了人质，建立了一座用来监禁人质的石屋，等待接收赎金。当他外出到海上抢劫时，不会为这些人质准备食物，他们中的许多人就这样饿死了。

更可怕的情节是，一些孩子从这里逃出来。他们靠吃浆果和贝类存活，形成了自己的原始社会，说着自己的语言。虽然埃利奥特岛上的大部分居民都是被黑凯撒关在营地的囚犯，但这些逃出来的孩子却成为詹姆斯·马修·巴里的小说《彼得·潘》中“遗失男孩”的原形。

黑凯撒的其他故事也许都是虚构的，或者至少是不同故事的组合。故事中交织着奴隶和海盗两种元素。奴隶经常在西非被骗到船上，遭到绑架。“凯撒”这个奴隶名也并不少见。奴隶贩子们经常给他们的奴隶取各种模仿古人的绰号。而黑凯撒是一个威风凛凛的人物，一个“身材庞大，力大无穷并且机智敏锐的人”。

尽管埃利奥特岛上并没有发现凯撒建立的石监狱的痕迹，但约翰逊对凯撒的藏身处所作的描述还是反映了一些逃亡者定居点的情况。逃脱的奴隶们逃到了佛罗里达州的沼泽地或者牙买加的山上。一旦到了那里，他们就建立社会，并开始以抢劫种植园和施行海上盗窃为生。在佛罗里达州，逃亡的奴隶与塞米诺尔印第安人通婚，于是有了黑塞米诺尔人，这是非洲和美洲原住民文化的混合体。他们的后裔生活在俄克拉荷马州的塞米诺尔民族中。他们的两个社区中，有一个就被命名为“凯撒布鲁纳营居群”（Caesar Bruner Band）。

在 1716 或 1717 年，黑凯撒离开了他的沼泽王国并与黑胡子签约。传说凯撒来到了黑胡子的船安妮女王复仇号上，这是一艘装有 40 门炮的战舰。但他也可能只是指挥了黑胡子在 1717 年 3 月组成的舰队中的几艘小型船只。从伯利兹向北行驶时，他们袭击了牙买加、古巴和佛罗里达沿岸的船只，然后又封锁了南卡罗来纳州的查尔斯镇（现今查尔斯顿）港口。黑胡子和他的同伙掠夺了想要进入港口的船只，将当地政要扣留为人质，并为他的船队索要医疗用品，还成功地向居民勒索了赎金。

黑胡子和他的盟友继续大肆破坏，弗吉尼亚总督亚历山大·斯波兹伍德在他出没的线路上派出了两艘皇家海军舰艇：简和漫游者。1718 年 11 月 21 日晚上，珍珠号上的梅纳德中尉在奥克拉科克岛的锚地发现了黑胡子的冒险号。黑胡子毫无防备地被打败了，当时他正在和客人一起喝酒，而且没几个人。他的一名手下，伊斯莱尔·汉兹，与 24 名船员待在岸上。在《金银岛》里，罗伯特·路易斯·史蒂文森就将独腿海盗西尔弗的其中一名手下取名为“汉兹”。

战斗在第二天早上开始。冒险号击中了梅纳德的船的舷侧，打伤了他的手下，使得漫游者号无法继续战斗。但是，由于黑胡子的船已经搁浅了，而简的小规模开火可能损坏了冒险号的帆和方向舵。梅纳德不得不放弃简，抛出抓钩和手榴弹，登上了冒险号。

约翰逊在《海盗通史》中记载道，

许多奴隶都死在了海上

一个“黑人”待在黑胡子的船的甲板下面的盥洗室里。黑胡子命令他炸毁这艘船，但他没有。这是在威廉姆斯堡接受审判和绞刑的那个凯撒吗？这些被定罪的海盗在为期 4 个月的牢狱生活中向殖民地当局做出过声明，凯撒为什么不在他们当中呢？

当冒险号遭到袭击时，黑胡子与其他 18 人一起登上了船。据海军部报告显示，其中有 6 名黑人。黑胡子的船员中有许多黑人海盗，但他也掠夺奴隶船并买卖奴隶。1717 年，他从正驶离圣文森特岛的法属奴隶贩运船协和号上夺走了 60 名奴隶。当年他离开查尔斯顿的时候，他又从一艘叫做公主号的船上抢走了 14 个奴隶。所以冒险号上的 6 名黑人中有一些可能是奴隶。此外，冒险号上的黑人没有在任何战斗中遇难或受伤。盥洗室里的那个“黑人”很可能是奴隶，被监禁在甲板下面。

在威廉斯堡接受审判的 15 名男子中有 9 名在战斗中被抓获。其余 6 人在巴斯镇因涉嫌参与海盗活动被捕。其中 2 人被无罪释放：一个是伊斯莱尔 · 汉兹，他指出黑胡子开枪打伤了他的膝盖。如果这一切成立，那么，（作为另一个无罪释放的人）这个凯撒是否根本就没有参与冒险号的战斗？

在定罪和处决之间的 4 个月中，3 名黑人海盗詹姆斯 · 布莱克、詹姆斯 · 怀特和托马斯 · 盖茨作出了证词。据推测，他们希望通过配合当局工作而逃过死刑。这个名叫凯撒的海盗并没有这样做。是否因为他知道自己已经罪行累累，不管怎么合作都逃不过上绞刑架的命运？还是他是一个说话不多或不会说英语的奴隶，被黑胡子俘虏后关于甲板下面，对绑架他的人一无所知？

答案就像黑凯撒的宝藏一样，可能仍然埋在埃利奥特岛的沼泽地里。

埃利奥特岛上并没有发现凯撒建立的石监狱的痕迹。

数字里的奴隶贸易

 = 一百万

16 世纪早期至 19 世纪晚期，欧洲奴隶贩子大约贩卖了 1250 万非洲黑奴。

1007 万奴隶在跨越中央航线，即非洲和新大陆殖民地之间的这段航线中存活了下来

大西洋上共进行了 54000 次奴隶运输，其中葡萄牙奴隶贩子运送的最多，其横跨大西洋 30000 次，运送了 465 万人

超过一半的奴隶都在糖料种植园干活

英国奴隶贩子共横跨大西洋 12000 次，运输了 260 万人

只有 500000（4.5%）名奴隶在棉花种植园干活

在去往新大陆的所有奴隶（400 万人）中，每三个人中就有一个人去了巴西

50 万奴隶去往英国在加勒比和北美的殖民地

1772 年，伦敦一名法官在萨摩赛特与斯图尔特案件中宣布奴隶制在英国是违法的

英国议会于 1833 年解放了所有英属地区的奴隶

斯蒂德·邦内特

绅士海盗

斯蒂德·邦内特并不是个十分优秀的海盗，
但他无疑是一个时髦的海盗。

作为一名绅士海盗，斯蒂德·邦内特并不是平常你会看到的那种类型（的海盗）。他是一个受过教育的富有的种植园主，虽然生活非常悠闲，但远非那种祥和的田园生活。在与妻子争吵无数次以后，他做出了一个决定。他离开了巴巴多斯的家、抛弃了妻子和三个孩子，购买了单桅帆船复仇号，带上满是时尚精致衣物的行李箱，出发去做一名海盗。

虽然复仇号上的船员对他们那位爱打扮的船长的航海技术没有太多的了解，但他们的薪水是加勒比地区最高的。邦内特用慷慨获得了手下的支持，因此不论何时，他们一直忠心于船长。

1717 年，邦内特在与一艘西班牙船进行激战后抵达了拿骚。复仇号在战斗中损毁，邦内特也受伤了，他遇到了“黑胡子”爱德华·蒂奇，这个声名狼藉的海盗向他提出了他无法拒绝的建议。黑胡子提出要接管复仇号，这样邦内特才有时间恢复健康，并建议邦内特可作为他的客人留在船上，跟着他来一场海盗之旅。

邦内接受了这个提议，两人一起出海。黑胡子让自己最信赖的一个副手在复仇者号上掌舵，邦内特则作为客人加入了黑胡子自己的船。虽然作为海盗船长，邦内特算是小有成就，但复仇号在黑胡子的带领下才真正发挥了它的作用。在船上，邦内特时常穿着睡衣无所事事地闲逛，而黑胡子则通常会大步跨上甲板咆哮着对船员下令，这两人就这样组成了船上的一副奇怪画面，共同掳劫了一艘又一艘船，很快就累积了大量珍贵的战利品。

这次合作持续了好几个月，而当邦内特收回复仇号时，黑胡子攻下了宏伟的南特协和号，后来该船成为他的传奇旗舰安妮女王复仇号。我们只能猜测当时发生了什么，但他的乘客身份一定已经告一段落，最终邦内特和黑胡子各奔东西。

一幅斯蒂德·邦内特的版画，从画中可以看到他是所有出海的海盗中装备最差劲的

邦内特满面红光地收回复仇号时，他想要数一数自己的赃物，却发现船上空空如也。黑胡子欺骗了他。

在黑胡子的带领下享受了数月的成功后，邦内特的船员即将面临严峻的现实。他们已经习惯了与传奇海盗共获胜利的日子，现在绅士海盗回来了，胜利的时候少了，他们的进攻目标总是能以智取胜，顺利逃脱，让他们空手而归，因此邦内特的很多手下感受到巨大的挫败感。当邦内特再次遇到黑胡子时，他的手下迅速离开了邦内特，并加入黑胡子的队伍。

虽然邦内特曾经被黑胡子出卖过一次，但是当黑胡子提议如果邦内特让出复仇号的控制权，就让他登上安妮女王复仇号时，他接受了。当然，他当时没剩下多少船员了，别无选择，

斯蒂德·邦内特在查尔斯顿被绞死的画面

只能同意。斯蒂德·邦内特再次成为黑胡子船上的一名游客。这一次，他开始对海盗生活有点厌倦了。也许他想念当初不顾一切抛下的富裕的种植园了，即使他并不想念当初抛下的妻子，现实已经让他明白真实的海盗生活并非他当初梦寐以求的那样是一场成功的冒险。

在黑胡子的陪同下，邦内特来到了北卡罗来纳州。在这里，他们俩获得了特赦。邦内特还获得了州长许可，允许他持私掠许可证继续航海，这意味着他可以从事合法的私掠者工作。他回到复仇号与他的船员分享这一消息，却发现黑胡子再次欺骗了他。黑胡子已经卷走了船上的物资和财宝，流放了船员，邦内特只得自费重新修整船只。虽然邦内特发誓要报复这个曾经两次抢劫并侮辱他的人，但他此后却再也没有见到过黑胡子。

驾驶着既没有财物也没有船员的复仇号，邦内特再次出海，但这位船长和以前一样没什么能力。他很快意识到私掠者比海盗更受约束，于是计划重返海盗生活。他给自己起了个化名，又把他的船改名为皇家詹姆斯号，让英国人误以为他只不过是一个无辜的商人。他一边拿着私掠许可证，一边继续过着海盗的生活，看来邦内特也并非总是办不成事。邦内特于1718年被捕，为了挽回面子，他还是坚称自己是无辜的，是被手下逼迫的。尽管那些船员承认这个船长有些软弱，但他们激烈地反驳了他只是旁观者的说法。他在查尔斯顿接受审判期间，人们呼吁当局释放他，绝望的邦内特本人也写信请求重获自由，发誓说如果他能逃过一死，他将成为模范公民。

斯蒂德·邦内特的计谋没能帮到他，他还是被判处死刑。1718年12月10日，他被绞死，曾经的绅士海盗一命呜呼。

☠ 决胜一瞬 ☠

与黑胡子合作

负伤的邦内特同意暂时将他的船移交给黑胡子，成为黑胡子船上的客人，此时就是决定他命运的时刻。最终，黑胡子骗了他两次。尽管邦内特扬言要复仇，但黑胡子却没有给邦内特伸张正义的机会，乘着船消失在了夕阳下。

1717—1718年

这幅图画的是邦内特被瑞特上校逮捕的场面

伍兹 · 罗杰斯

总督兼私掠船船长

从巴哈马群岛到真实的鲁滨孙漂流记，伍兹 · 罗杰斯总督的一生一直在海上漂泊。

伍兹 · 罗杰斯既是一名商人、私掠船船长、岛屿总督，也是现实中鲁滨孙的救助者。他出生于 17 世纪 70 年代后期，正好赶上西班牙王位继承战争，那是一个冒险的年代。他生长于一个祖祖辈辈都有航海经历的富裕家庭，年轻时就已经负责家庭航海业务，他的前途看上去无比光明。然而，在随后的几年中，他的生活却和光明完全沾不上边！

渴望冒险的罗杰斯于 1708 年应家族朋友威廉 · 丹皮尔（William Dampier）上尉的邀请，担任一艘环球航行的私掠船船长，因此次航行而出了名。罗杰斯牢牢抓住这个机会，带领两艘船出海，这两艘船分别叫做公爵和公爵夫人号。作为前者的船长，他获得了一份私掠许可证，全身心地投入到私掠者的工作中。

航程耗时 3 年，罗杰斯成为他家乡的名人。这次出海探险并不是件易事，他经受了许多挑战，包括坏血病、严寒、物资紧缺甚至是船员叛变。不过，也许与这次远征有关的最著名的事件要数亚历山大 · 塞尔柯克（Alexander Selkirk）的故事了。

1704 年，一位名叫亚历山大 · 塞尔柯克的苏格兰水手在托马斯 · 斯特拉丁船长的指挥下担任五港同盟号上的航海官。巧合的是，斯特拉丁还与威廉 · 丹皮尔一起出过海，也就是那个委托罗杰斯在世界各地航行的人。塞尔柯克也加入了那次远征，但他认为船长无法领导远征队，于是拒绝与丹皮尔合作。当这艘船停在胡安费尔南德斯群岛补充物资时，塞尔柯克告诉斯特拉丁他不会再继续前行。他认为这艘船不适合再度起航，斯特拉丁回敬的却是将他流放到一个附近的荒岛上。于是塞尔柯克在岛上独自度过了许多年，他自然不太相信自己还能被人救走。与此同时，罗杰斯正与船上的坏血病作斗争，决定必须马上往

罗杰斯领导的公爵号以国王的名义，争分夺秒地攻打西班牙船只

船上运一些橙子。他停泊在胡安费尔南德斯群岛，这是一个关键决定，当他们沿着一个荒岛空旷的海岸线航行时，发现了一处篝火。罗杰斯确信这意味着该地区有西班牙船只，但是当他派出登陆队来到岛上时，发现并没有等着被抢劫的西班牙水手，而是奄奄一息的亚历山大·塞尔柯克。

被放逐多年的绝望的塞尔柯克张开双臂欢迎他们，尽管他意识到船员中还有他曾经看不起的老同事丹皮尔。罗杰斯让塞尔柯克搭他们的船回家，为了感谢拯救他的船员，塞尔柯克送给他们新鲜的野山羊肉，这种肉奇迹般地治好了船员们因坏血病而坏掉的牙齿。当然，他的故事后来被改编成鲁滨孙漂流记，永远地流传了下去。但他们是当时伍兹·罗杰斯的心里还盘算着其他事情。

拯救了塞尔柯克之后，船队继续远征，但他们似乎被厄运缠上了，最糟糕的要算最后罗杰斯返回英格兰时，卷入的一场法律纠纷。虽然因为不断增加的法律费用、经商和私掠失败，他面临着财务危机，但他的职业生涯并没有就这样结束，而是重返了海洋。但罗杰斯放弃了从商和私掠的念头，

亚历山大·塞尔柯克加入了公爵号，离开了他的孤岛

1709年，伍兹·罗杰斯驾驶私掠船来到了加尼福利亚

决胜一瞬

环游世界之旅

罗杰斯子承父业，却发现法国人的抢劫让自己的船损失惨重，导致自己面临许多财物损失。他听从了威廉·丹皮尔的建议，开始远征，决心当一名成功的私掠船船长，赚得盆满钵满。可是他的发财梦从来都没有实现过。

1707—1711年

而是进入政界，成为巴哈马的皇家总督。当时的巴哈马几乎是个无法无天的地方，随时随地都会发生海盗的暴力事件。他带领一支舰队前往加勒比海，成功地占领了新普罗维登斯的海盗窝点，因为他可以授予当地海盗国王特赦，所以平息了一切抵抗。但不是每个人都想被赦免，罗杰斯面临着来自那些决心收回地盘、重建窝点的海盗的威胁。事实上，那些海盗的努力失败了，罗杰斯对那些挑战他的统治的海盗毫不留情。这些海盗被处死，展现出罗杰斯的权威，也让岛上的居民明白这个新上任的总督并不好惹。他加固了新普罗维登斯岛和拿骚岛的防御工程，阻止了西班牙军队的威胁，直到西班牙和英国最终达成和平。

其实，罗杰斯从来没有完全摆脱一直纠缠着他的厄运，他总是被各种各样的财务危机困扰。当他于1721年3月访问英格兰时，因为欠了太多旧债，他被关进了负债人监狱，而且失去了总督的职位。他出狱后没事可干，于是写了一本传奇的书——《最恶名昭彰的海盗抢劫谋杀通史》（*A General History Of The Robberies And Murders Of The Most Notorious Pyrates*），但命运再次为伍兹·罗杰斯准备了一个转折点。

1728年，在他离职7年后，他突然再次被任命为巴哈马总督，但前几年的经历已经让他疲惫不堪。他卷入了岛上的政治斗争，发现这比海盗突袭还要麻烦。他于1732年去世，度过了充满戏剧性和心碎、但也偶尔小有成就的一生。

罗杰斯两次被任命为巴哈马总督

查尔斯·范恩是当时最残酷的海盗之一

查尔斯·范恩

被同行瞧不起的人

这个海盗抢得的赃物实在太多，让加勒比海域的合法贸易都陷入了停滞。

查尔斯·范恩是所有海盗中最无情、最固执的人之一。在他3年的海盗生涯中，他掠夺了30多艘军舰，从不考虑国家或忠诚。范恩经常无视海盗守则，他对待自己船员的态度几乎与他对待被掠夺船只上的成员一样，毫无尊重可言。

关于他早年生活的报道很少，但他可能是在西班牙王位继承战争期间来到的西印度群岛。1716年，他担任英国私掠船船长亨利·詹宁斯的水手，但随着战争结束，大量私掠者失业。1715年西班牙财宝船队沉没在佛罗里达海岸之后，詹宁斯和他的船员成为海盗并袭击了企图抢救失事船队遗失的财宝的西班牙营地。他们带走了35万枚西班牙银圆，然后前往牙买加。途中又袭击了一艘西班牙船只，抢到了6万枚西班牙银圆。凭借抢劫得到的钱，范恩装备了自己的船，将它命名为漫游者号。两年来，他以拿骚为基地，掠夺商船，和他共事的是几个著名海盗，他们在一起组成了飞天帮。每次他截获一艘更好的船，他都会把它据为己有，但他总是把新船取名叫漫游者号。

1718年7月22日，一位来自英国的新拿骚总督奉命前来打击海盗活动。这位从前叱咤海上的船长叫做伍兹·罗杰斯，他带来了10艘军舰，其中包括两艘皇家海军战舰和100名士兵。毫无防备的查尔斯·范恩被他的船队在拿骚港逮捕。其他海盗船长大多数立即投降并接受了国王特赦，但范恩写信给罗杰斯要求保留他的所有海盗战利品。这可能只是一种拖延策略，因为后来范恩放火烧掉了自己最大的一艘船。这艘船名为

决胜一瞬

范恩假意接受国王特赦

在范恩和手下返回拿骚时，他们被装有20门炮的皇家海军战舰凤凰号活捉。查尔斯·范恩宣称他此行正是要去接受国王特赦。他当时被释放了，但范恩根本没有从良的意思，他很快又重操旧业当起了海盗。

1718年2月

沉没的西班牙财宝船队中的金银币为查尔斯·范恩的海盗生涯提供了一笔启动资金

某段时间，范恩的海上劫掠使得奴隶贸易几乎停滞，因为根本没几艘船能顺利到达港口

“云雀号”，装有20门大炮，他让船漂往罗杰斯的方向。当罗杰斯慌忙切断船锚躲避这艘着火的船时，范恩乘着一艘装有6门炮的小战船逃了出去，离开时还不忘发射炮弹反击。

范恩没有从此销声匿迹，而是立即开始掠夺新船并招募足够的人手准备重新夺回港口。他截获了一艘单桅战船，把它作为突击队的配合舰，并提拔他的舵手叶芝做该船船长。他还写信给总督伍兹·罗杰斯吹嘘他很快会与海盗斯蒂德·邦内特联手攻击拿骚。然而事实是，他并不受其他海盗的待见。对于普通船员来说，吸引他们成为海盗的理由是船上更民主的规则。但范恩却很专制，甚至很不尊重自己的手下。他的手下抱怨说他没有公平分配赃物。而他在选择目标时往往难以捉摸，反复无常。有一次，他捕获了一艘装满洋苏木（一种昂贵的植物染料）的船，但他没有拿走货物，而是命令俘虏把它扔到船外，这样他就可以把船抢来自己用。中途他又改变了主意，并允许船长保留他的船和剩余的货物。有时他向被捕船上的船员保证，如果他们和平投降，他不会亏待他们，可最后却把他们全都杀掉。

1718年8月，范恩开始攻击进出于南卡罗来纳州查尔斯顿的船只。其中一艘是来自西非，运送90名奴隶的双桅帆船。范恩命令船上的人全部转移到叶芝的单桅帆船上去，毫不理会船长抱怨过度拥挤。这时叶芝终于有足够的钱了，有一天晚上他悄悄驶离，抛弃了漫游者号。范恩发动了追逐，但是叶芝从北埃迪斯托河去往查尔斯顿，在那里他和他的船员都接受了南卡罗来纳总督授予的国王特赦。查尔斯·范恩在河口潜伏了好几天，希望能够捉住叶芝复仇，但当南卡罗来纳总督依据瑞特上校的命令派出两艘装备精良的船只时，他被迫放弃了捕捉叶芝的计划。

到1718年11月，船员对范恩的指挥彻底失望了。他们航行了好几个

决胜一瞬

范恩躲过追捕者

威廉·瑞特上校是一名著名的海盗猎人，他特别痛恨范恩。在追捕范恩的过程中，瑞特遇见了两艘最近遭到打劫的船。船员告诉瑞特，范恩正计划躲在上游，去往南边。其实是范恩主动放出这个错误的消息，他没有往南，而是往北走了。

1718年9月15日

星期，一直没有看到船，终于发现目标后，他们挂起了海盗旗，希望对方迅速投降。出乎意料的是，他们立即受到舷炮攻击，对方也挂起了自己的旗帜。原来这是一艘法国军舰，其火力装备远远超过了范恩的船。范恩想逃跑，但是他的舵手棉布杰克·莱克汉姆想要冲上战舰，相信凭借他们的战斗技能可以获胜。范恩则坚称在他们登船之前，自己的船就会被大炮击沉。由于当时的海盗守则是当面临战斗、追逐或被驱逐时，只有船长才能做出最终决定，范恩找到了逃路，带着漫游者号逃脱了。但第二天，船员指责他怯懦，并推选杰克·莱克汉姆为新任船长。范恩被赶到一艘小单桅帆船上，只有几个船员选择了跟随他。

查尔斯·范恩没有气馁，他在洪都拉斯升级了这艘单桅帆船的装备，并立即开始寻找新的目标。在3天之内，他在牙买加西北海岸捕获了3艘小型船只。他留住了其中最大的一艘，并说服了3艘船上的船员都加入他的队伍，随后又在12月中旬截获两艘船。范恩因凶残而名声在外，他只需发射几炮以示警告，甚至只是升起他的海盗旗，就可以截获船只。凭借强烈的野心，他很快就能够对不忠的叶芝和莱克汉姆进行报复。但在1719年2月，他的船遭遇暴风雨，在洪都拉斯附近的一个无人居住的岛屿毁坏了。几乎所有的船员都被淹死了，只有范恩因为碰见偶然路过该岛的渔民才活了下来。现有的记录中没有说明范恩是靠威逼还是利诱来说服渔民救活自己的，但他着实被困了好几个星期。最终一艘船到达，船长是范恩的老熟人，名叫霍福德。不巧的是，霍福德已经从良，直白地拒绝带范恩上船，除非让他戴上镣铐，他说："我无法信任你……让你上船就是让你和我的船员勾结，把我打晕，把我的船抢来当做海盗船。"他给了范恩一个月的时间逃跑，并警告说，如果他回来的时候范恩还在岛上，他会把范恩关起来换取赏金。范恩抗议道，除了偷走渔夫的小船之外，他没有办法逃跑。霍福德回答："你当强盗时，会抢夺一切你见到的船和人，那时你考虑过良心的问题吗？如果你这么瞻前顾后，就待在这儿等死吧！"

范恩确实看起来过于瞻前顾后，或者说他不屑于乘一艘小渔船逃跑，不久之后他登上了抵达岛上的另一艘船。范恩用了一个假名，被带上船做船员，但是这艘船的船长和霍福德的船在海上相遇，碰巧认识了霍福德船长，霍福德被邀请在船上用餐。他立即认出了范恩，开枪召唤他的船员，将范恩带走并将他关押起来。在被审判和吊死之前，范恩在牙买加皇家港口的监狱度过了一段时间。

在他的审判中，许多曾经的同伙获得了国王特赦，并作出对他不利的证词。查尔斯·范恩在自己的辩护中什么都没说，也没有传唤任何证人。就捕获的船只数量而言，范恩是所有海盗中最成功的。但他的自负和任性让他失去了盟友和生命。他死的时候几乎和他最初当海盗时一样贫穷。

决胜一瞬

奥克拉科克岛狂欢

范恩加入了黑胡子以及其他几百名海盗在北卡罗利纳奥克拉科克岛上举行的持续了好几星期不中断的狂欢。除了食物和饮料，还有50多名来自附近的巴斯城的妓女。范恩试图说服黑胡子加入他的团队，把拿骚夺回来，但黑胡子拒绝了这个要求。

1718年10月

范恩因凶残而名声在外，他只需发射几炮以示警告，甚至只是升起他的海盗旗，就可以截获船只。

奥克拉科克岛上的狂欢持续了太久，以至于商人都开起了商店，向他们售卖酒水和食物

1718 年，查尔斯 · 范恩接管了拿骚海港，在堡垒挂上了他的海盗旗

棉布杰克

魅力十足的海盗

他聪慧敏捷，能说会道，但这个风流倜傥的海盗却让情感战胜了理智。

杰克·莱克汉姆经常穿着印度棉布制成的彩色条纹裤子，因而得名“棉布杰克”。他的海盗生涯很短暂，并不是特别成功，但他却是一位华丽而富有魅力的人物。莱克汉姆是第一个使用头骨和交叉腿骨设计海盗旗的人，他也是目前已知的唯一一个有女性船员的海盗船长。

从他的审判记录中可以了解到，莱克汉姆出生于 1682 年，但他的早年经历没人知道，直到他 35 岁时成为查尔斯·范恩船长漫游者号上的舵手。此前的好几年，莱克汉姆可能一直都是海盗，一步一步晋升成为范恩船上等级最高的船员。1718 年 11 月，他指责船长懦弱无能，并说服船员投票选他为船长。棉布杰克成为船长后第一个月的指挥并不十分出色。他袭击的大多数是非常小的船只，并没有赚到多少钱。有一次，莱克汉姆拿下了一艘船，结果发现船上全部是从英国新门监狱被驱逐出境的囚犯，他们被发配到种植园工作。这艘船没有为他们制造任何价值，因为就在他们截获该船的几天后，它又被一艘英国海军战舰二次捕获。

到了同年 12 月，他的运气才变好了。他在牙买加的皇家港口外截获了金斯顿号。这艘船上既装载着值钱的物品，船本身的质量也很好。莱克汉姆把金斯顿号作为他的新旗舰，并把赃物卖掉了。但岸上的人看到了他袭击金斯顿号的场景，所以当地商人聚集在一起，共同出资购买了两艘海盗追捕船前去捉拿他。这些人最终在 1719 年 2 月赶上了莱克汉姆，当时他在古巴附近的伊斯拉蒂港（Isla de los Pinos）停泊。莱克汉姆和他的船员在岸上，所以他们逃脱了追捕，但金斯顿号被带回了牙买加。

一些消息来源指出，此后莱克汉姆和手下返回新普罗维登斯的拿骚接受了国王特赦。这应该发生在 1718 年 9 月 5 日赦免有效期结束之后，

决胜一瞬

对查尔斯·范恩发动叛变

莱克汉姆当时的船长查尔斯·范恩拒绝攻击一艘比他的船大一倍的法国战舰，于是莱克汉姆纠集了不满的船员，在他们面前慷慨陈词，痛斥范恩的懦弱无能。由于船长有否决权，所以与法国船只战斗不存在危险（why），莱克汉姆就是抓住了这一点将范恩推翻了。

1718年11月23日

莱克汉姆把金斯顿号作为他的新旗舰，并把赃物卖掉。

按理说他们失去了接受特赦的资格，但是莱克汉姆可能声称他们是被查尔斯·范恩逼迫加入海盗队伍的。新普罗维登斯总督伍兹·罗杰斯憎恨范恩，所以他有可能接受这个理由，并赦免他们。就在这个时候，棉布杰克遇到了后来随他一起航行的第一位女性——安妮·波尼。安妮·波尼是詹姆斯·波尼的妻子，他是一个已经从良的海盗，通过向总督罗杰斯透露曾经的海盗同伙的行踪来糊口。莱克汉姆和波尼开始了婚外情，当她的丈夫发现时，莱克汉姆试图收买詹姆斯·波尼让他和妻子离婚。詹姆斯·波尼不仅拒绝了这个提议，还向总督报告，要求对莱克汉姆实施公开鞭刑。为了摆脱这种命运，莱克汉姆让安妮·波尼女扮男装，和其他 8 名海盗一起偷走了一艘叫威廉号的小船。当然，莱克汉姆的特赦立即失效，他回到了当个小海盗的日子。

目前尚不清楚玛丽·里德是莱克汉姆在威廉号上的原有船员之一，还是后来从一艘被俘的船上转移过来的，但当代记载表明，她的男装扮相完全骗过了棉布杰克。

不过，这个说法的可信度值得商榷。18 世纪初，从没有人听说过女性做船员，而玛丽·里德从穿着打扮到说话

莱克汉姆的尸体被放在皇家港口的入口处示众，以警示其他海盗

莱克汉姆将守卫威廉号的任务抛给了安妮·波尼和玛丽·里德

由于离海岸太近，莱克汉姆引起了有关部门的注意。

都像个男人。但莱克汉姆应该很容易对玛丽·里德产生怀疑才对。后来对两名女海盗的审判中，有证人证实这两个女人看上去就和男人一样，除了“胸部比较丰满”以外，这是辨认她们的一个主要线索。毕竟在小船上的生活根本没有隐私可言，如果船上有女人，不管她的外表有多么像男人，很快就会被人发现。另外一名证人说，她们俩在攻击或追逐船只的时候才穿男装。

不管威廉号上的生活环境怎样，莱克汉姆在古巴停留了一段时间，安妮·波尼在这个时候生下了一个孩子。1720 年 8 月，他们又回到了海上，在牙买加附近寻找目标。威廉号上只有 4 门炮，14 名船员，所以他们只攻击离岸不远的小船。9 月，他们从 7 艘小渔船上偷了一些鱼和渔具，只值 10 英镑，这之后他们又截获了两艘小型商船，抢到了价值 1000 英镑的赃物。但因为他们离海岸太近，引起了有关部门的注意。牙买加政府派出两艘海盗追捕船，船长是乔纳森·巴内特。他乘其中一艘雪虎号，沿岛屿周围追逐莱克汉姆。1720 年 10 月 20 日，莱克汉姆来到了牙买加西端的内格里尔角（Negril Point）周围，这时他看见了一艘小型平底船，船上有 9 个人。个人魅力十足的棉布杰克半是威胁半是劝说地让他们加入了自己的队伍。当他们发现自己身上配了毛瑟枪和短刀，全副武装时，充满了疑惑。然而，这些新船员和老船员们相处得似乎挺融洽，每当夜晚到来，海盗和水手们一起狂饮喝醉。大约晚上 10 点时，巴内特船长与海盗相遇，发现威廉号停泊在海湾处。他命令手下把雪虎号上的所有灯都熄灭，悄悄靠近他们。海盗听到巴内特大声呼喊要求对方投降时，才意识到他的到来。

莱克汉姆的船员来到战斗区域，用旋转炮架上的大炮开了十几次火，但雪虎号的火力比他们强太多。最终巴内特成功登上了威廉号。

此时威廉号上的大多数人还呆在甲板下面，只有安妮·波尼和玛丽·里德奋起反抗。棉布杰克应该没有参与战斗，巴内特船长逮捕了全部海盗，他自己的手下则没有一人遇难。莱克汉姆和他的船员被带到牙买加皇家港口，并于 1720 年 11 月 16、17 日在圣贾戈德拉维加（现今牙买加国的西班牙城）接受了审判。全部成员都因海盗行为确凿，被判处有罪，并施以绞刑。比较无辜的是那 9 个去莱克汉姆船上与他喝酒的人。他们和其他人一同被判处有罪并被处死。在审判过程中，他们大声抗议说自己只是渔夫，被迫来到了威廉号上。他们指出，巴内特船长登上威廉号时，他们立即投降了，也拒绝帮助莱克汉姆起锚逃跑。这些人究竟是否想要加入莱克汉姆的海盗团伙，已经不可知，但被逮捕时他们全副武装，这是对他们最不利的证据。因此，这 9 人和其他船员一样全被处以绞刑。讽刺的是，打斗最卖力的两个海盗——安妮·波尼和玛丽·里德，都因“为肚子里的孩子求饶”而逃过了绞刑架，也就是说她们都有孕在身。但棉布杰克被绞死了，还被开膛破肚，尸体被挂在皇家港口入口处的一个小岛上的绞刑架上示众，这个岛因此被人叫做莱克汉姆礁。

杰克·莱克汉姆的海盗生涯始于他指责查尔斯·范恩懦弱无能，而最后他却因为不敢在威廉号上应战，也被贴上了懦夫的标签。据说玛丽·里德说了这样一句话：“如果他当初像一条汉子一样战斗，现在就不会像条狗一样被绞死了。”

决胜一瞬

莱克汉姆的儿子出生

棉布杰克与安妮·波尼在海上结为夫妇，安妮·波尼在古巴生下一个儿子，但不久后再度回到杰克的船上。关于这个孩子的下落并无清晰的记载，但莱克汉姆和波尼的婚姻关系让他对当时其他著名海盗经常干的谋杀和嫖妓等行为为敬而远之。

1720年早期

杰克·莱克汉姆截获了一艘西班牙船

决胜一瞬

愚弄西班牙海岸警卫队

棉布杰克被一艘全副武装的西班牙海岸警卫船包围在一座小岛上。当时，这艘警卫船还截获了一艘单桅战船。当天夜晚，莱克汉姆和手下悄悄靠近这艘单桅战船，登上船后悄悄地逃走了。当黎明划破天空时，西班牙开始对莱克汉姆的老船火力全开，不过这艘船已经被他弃用了。

约1719年

棉布杰克的旗帜成为现在最典型的海盗旗

棉布杰克成为了 1956 年电视连续剧《布加尼埃海盗》中的角色

安妮·波尼

失踪的海盗女王

爱尔兰人安妮·波尼因其冒险经历而闻名于加勒比海域，但她的下场究竟如何？

当安妮·波尼于 1689 年在爱尔兰科克郡出生时，就已经开始了冒险的生活。安妮是一名受人尊敬的已婚律师威廉·麦考马克和女仆的私生子，所以当女仆怀孕的消息传开时，麦考马克原本井然有序的生活一下跌进了无穷的绯闻中。

麦考马克因此和妻子分开，面临着社会的谴责，更别提妻子的家人对他的指责了，因此他决定和情人私奔。他们决定去南卡罗来纳的查尔斯顿，相信在那里可以开始新生活。实际上，安妮 13 岁的时候，她的母亲就去世了，留下父亲独自一人照顾她。这时，当时已经改名为考马克的麦考马克在新大陆获得了巨大成功，决定要让女儿嫁个好人家。他给女儿安排了一桩婚事，对方来自一个社会地位高且富裕的家庭，但女儿根本不想遵从父亲的愿望。

虽然麦考马克为女儿的生活做出了精心安排，但他在成为新大陆一个富裕农场主的时候并没有考虑过女儿对冒险的向往。安妮渴望逃离这个地方，她拒绝了父亲给她安排的配偶，反而选择了詹姆斯·波尼，一个生性放荡、打算当海盗的士兵。女儿的不顺从让考马克暴怒，他发誓今后再也不给她一分钱。

詹姆斯没能从新婚妻子手里赚到钱，夫妇俩只好离开查尔斯顿，开始了冒险的生活。一心想着赚钱的他们来到了巴哈马，在这里，安妮立马一头扎进一切她能加入的狂欢聚会。她很快就发现这里有比詹姆斯·波尼有趣得多的生活，成了海盗经常去喝酒的酒馆的常客。被冒险和财富的传说围绕的安妮开始期盼得到她的丈夫远远无法提供的财富。詹姆斯忙着为总督伍兹·罗杰斯提供消息的时候，安妮却全身心地爱上了一个有名的海盗，杰克·莱克汉姆。安妮害怕因为和杰克的婚外情而遭到公开鞭刑，于是和情人私奔去了海上。她装扮成男人模样，用实际行动证明了自己是莱克汉姆船员中最勇猛、无畏的那个船员。她喜爱战斗时的那份激烈，从不退缩，永远与同伴共进退。

安妮怀孕时，她和莱克汉姆短暂地分离了一段时间，莱克汉姆把她留在古巴，许诺一旦她生下孩子就回来接她。他信守了诺言，但历史中并没有记载孩子的下落。

安妮并不是杰克·莱克汉姆船上唯一的女性船员，和她一同在复仇号上的是玛丽·里德。论脾气、勇气和野性，里德完全可以和波尼相提并论。很快，莱克汉姆的复仇号就在西印度群岛获得成功。他们不追逐大型的、防御完备的船，而是选择一些小目标，很快就收获了许多赃物。

安妮是复仇号上最凶残的海盗之一

里德、波尼和莱克汉姆的海盗生涯在 1720 年 10 月戛然而止，当时他们正在泊船。英国海军的著名海盗猎人乔纳森·巴内特发现了他们的船，趁夜晚悄悄对他们发动袭击。当时船上的大部分船员都在为庆祝最近成功抢劫了一艘西班牙船只且小赚一笔而举行狂欢，狂欢结束后他们喝晕了过去。只有玛丽和安妮仍然清醒，虽然她们英勇应战，但很快就败给了人数众多的英国船员，更何况他们都很清醒。

船上的男性船员纷纷逃走，安妮和玛丽·里德并肩作战，对抗追捕者

遭到逮捕的船员被送往牙买加的西班牙城接受审判，这时复仇号上有两名女海盗的事情才公诸于众，造成轰动。由于此前从没有这样的事情，人们带着好奇观看了整个审判过程，想知道这两个不寻常的女士会有什么下场。

审判时间很短，全部成员都被判处绞刑，包括玛丽和安妮。为了活命，这两位女士声称有孕在身。孕妇不得被绞死，因此她们的绞刑延缓到生产之后。

在狱中，玛丽发起高烧，没等孩子出生就去世了，但安妮的结局又发生了奇怪的反转。自从出庭并得到延缓行刑的处置之后，这个著名的女海盗就从历史记录中销声匿迹了，但关于她的流言却遍地都是。对于她的消失，最有可能的一种解释是安妮的父亲在女儿最需要的时候帮助了她。他不愿见到自己的孩子送死，也不愿女儿肚子里的孩子生在皇家港口的监狱中，有人说他靠他那些有权有势的朋友动用了一些关系，花钱将她从监狱中弄了出来。从监狱出来后，安妮回到了父亲在美国的种植园。在那里，她以一位尊贵的妻子和母亲的身份开始了新生活，远离了她曾经为之出生入死、远征探险的海盗船。

☠ 决胜一瞬 ☠

安妮和棉布杰克相爱

1720年，海盗船长棉布杰克·莱克汉姆和安妮·波尼相爱了。杰克提出如果安妮的丈夫愿意与她离婚，就付他一笔钱，但安妮的丈夫却威胁要让安妮受到鞭刑。棉布杰克立马和安妮偷了一艘叫威廉号的单桅战船，离开了拿骚港，去往海上。

1717—1718年

安妮并不是个顺从的女儿，被父亲赶出了家门

只有玛丽和安妮仍然清醒，但也很快就被打败了。

英国军队登上复仇号时，安妮为了保护其他船员而勇猛地迎战

玛丽·里德

女海盗

很少有女人像玛丽·里德一样能在男人构成的海盗世界中杀出一条路。

当海盗并不是玛丽·里德一直以来的愿望。她是当时社会环境的受害者，某些人也许会说，这是个偶然的机遇。某天她正在一条开往西印度群岛的船上，一群海盗袭击了这艘船，把她劫为人质。从此，里德的生活发生了翻天覆地的变化，远远超过了她的想象。然而她之所以出名，不是因为她的海盗行为或是她不幸的命运，而更多是因为她和另外两个海盗非比寻常的关系：安妮·波尼和杰克·莱克汉姆。

在里德出没于加勒比海域并且与她的海盗同事发展出凄美的爱情关系之前，她的生平是个谜。开普廷·查尔斯·约翰逊在里德死后第三年写成《海盗通史》，里面的描写给她的人生增添了许多神秘色彩。但其中任何记载都没有实证，只有他们待在西印度群岛时以及她与波尼和莱克汉姆被判处罪名时的法庭记录。

约翰逊把里德当海盗之前的生活描绘成了一部包含悲剧、英勇和女扮男装元素的戏剧。她约于1691年出生，据说她是一位海盗船长的私生女。她的母亲未婚生子，生下她后决定把女儿打扮成男孩，目的是骗一个亲戚出资抚养她。小玛丽搬到了伦敦，被当作男孩养大。她母亲的这个决定影响了她的一生。虽然她在31岁左右就去世了，但玛丽一直女扮男装。最初她是一位法国女贵族的侍从，但她很快就厌倦了这份工作，转而成为了英国军队的一名候补军官，随后参与了与法国的战争。据说她爱上了一名弗兰德[1]士兵，因此可能向他暴露了自己最大的秘密，他们一起私奔到荷兰开了一家酒馆。这个男人死后，她又穿上男装，加入一个步兵团，后来才去往加勒比海域。这是个曲折跌宕的传说，很适合被改编成19世纪的流浪冒险小说，但它的真实程度到底有多少？也许真相就埋葬在某处，又或许全部都是虚构的。

一个女人能冒充男人这么久，涉足几大洋，着实不可思议。登上拥挤的船，所有的私人空间都因船上糟糕的条件和船员等级制度而被剥夺，隐瞒自己是女性的真相一定需要非同一

① 指比利时北部说荷兰语的地区。——译者注

玛丽·里德，一名穿男装的女海盗

般的智慧，而且还需要承受随时被发现的恐惧。但船上到处都是黑暗的角落和缝隙，玛丽·里德也可能和某些人谋划自己的小伎俩、披上海盗的伪装，以防其他人的好奇打探。但船上的卫生设施只有挂在船上的箱子以及一小块可以在上面朝着大海小便的地方，这方面的问题成了每天她都要面临的充满风险的挑战，沐浴时风险更大。海盗船上是禁止出现女人的。如果被发现，这个女人可能会遭受性骚扰。同时，尽管海盗采取民主的方式做决定，但他们一致反对将女人带出海。如果有人被发现将女人偷偷带上船，这个人会被处死。根据巴沙洛缪·罗伯茨的海盗守则中的规定：“任何男人被发现勾引女人，并且将她伪装起来带出海，他将受死。”

> **决胜一瞬**
>
> **走向海盗的路**
>
> 里德的船在驶向西印度群岛的途中被一群海盗袭击，她被海盗当做英国人质劫走，被迫当了海盗。1719 年，她接受了国王特赦，希望做一名私掠者。但船员对船长发动了叛变，里德也随机加入。她因为英勇善战而出名。
>
> **约1719年**

防止海盗们触犯这类规矩的方法之一是雇用未婚男人。但女性出海、在船上工作并不罕见或完全不为人知。里德就办到了。另一位 19 世纪的女性海员，叫做玛丽·安·阿诺德，她所在的船跨过赤道后，举行了一场可以说是邪恶的欢庆仪式，他们用湿绳子打人、把人浸在水里，有时候还会把人抛下船，就在这时船长斯科特识破了她的身份。斯科特船长和船员都很震惊，但后来他宣布阿诺德小姐是他所见过的最优秀的水手：“在比斯开湾遇到大风暴时，我看到阿诺德小姐第一个冲上去收帆。”如果女性能证明自身价值，能把工作完成得和男性一样出色，有些船长是赏识她们的。当然，斯科特船长并不是海盗，玛丽·安·阿诺德也不是，但阿诺德和玛丽·里德的所作所为都体现出她们在不断抗争，努力工作，争取他人的尊重。

里德在拿骚见到了杰克·莱克汉姆以及安妮·波尼，很快就加入了他们一伙。他们第一次行动是从拿骚港偷窃了一艘单桅战船后逃走，从此恶名远扬。当他们被抓捕并投入牙买加西班牙镇的监狱时，里德和波尼被描述成可怕的动物，和女性的优雅气质毫不沾边。法庭上，一位名叫桃乐西·托马斯（Dorothy Thomas）的曾遭受海盗袭击的证人向法官提供了一段关于里德和波尼的描述，这段描述可能让当地居民们吃惊不已。“监牢里的这两个女人，当时在那艘单桅战船上，穿着男人的外套和长裤，头上绑着头巾；每个人手中都拿着大砍刀和手枪，朝证人不断咒骂，说要将她杀死，不让她做出对她们不利的证词。这名证人继续说道，她当时之所以知道她们是女人是因为她们的胸部比较丰满。”托马斯的描述向我们透露了一个有趣的细节：她们俩并没有完全隐瞒自己的性别。

据说玛丽·里德加入棉布·杰克队伍时，安妮·波尼对她产生了好感，这让杰克很嫉妒，威胁说要割断里德的喉咙。只有当里德透露自己是女扮男装时，他才停止威胁，让她待在船上。这是个奇怪的情形，让人不禁产生各

巴哈马拿骚港。莱克汉姆，里德和波尼从这里偷了一艘单桅战船，开始了海盗探险的生涯

种各样的疑问。这算是三角恋吗？里德和玛丽是恋人关系吗？

1720年11月16日，在牙买加海岸附近被逮捕后，杰克团伙面临四项关于海盗行为的指控。主持法庭的是岛上的总督尼古拉斯·劳斯爵士以及12名官员。莱克汉姆被指控有罪，很快就被处决了。他的尸体被放在笼子里，挂在亡灵礁上的一座绞刑架上。

里德被指控在伊斯帕尼奥拉岛附近参与袭击7艘渔船、两艘单桅战船；在牙买加的干港海湾附近袭击了一艘纵帆船和一艘叫做玛丽号的商船。她辩护称自己无罪，但两个法庭都指控她有罪（主要与截获纵帆船和玛丽号有关）。她和其他人一样被判处死刑。据桃乐西·托马斯和其他证人称，里德和同伴波尼不仅仅是船上乘客，而经常参与打斗、突袭和

决胜一瞬

与棉布杰克见面

里德在拿骚见到了棉布杰克，成了一名海盗。莱克汉姆发现他的情人兼同事安妮·波尼，一个也时常穿男装的女人，被里德所吸引，于是他威胁要杀掉里德。当杰克发现里德也是一个女人时，他守住了这个秘密，没有告诉其他船员。里德的海盗生涯只持续了短短几个月。

1720年

接受审判时，里德和波尼被描述成可怕的动物，和优雅毫不沾边。

这幅 19 世纪插画强调了里德的性特征，她在一名落败且惊恐的男海盗面前袒胸露乳

决胜一瞬

海盗的结局

从绞刑架下捡回一命后，玛丽·里德获得减刑，被送回监狱继续服刑。1721 年 4 月，审判结束不久后，据说她在狱中死于一场高烧。并无消息称她是否生下了孩子。里德于 4 月 28 日被埋葬在圣凯瑟琳教堂。

1721年4月

打劫船只财货并因此闻名。一位法国证人借助翻译向法庭说明这两个女人是如何“时而穿着男人的衣服，时而又穿着女人的衣服的。”

然后，故事像气氛紧张的法庭剧一样发生了戏剧性的一幕，玛丽·里德和安妮·波尼打出了她们的王牌：她们怀孕了，不能被处死。经过一番检查后，她们的说法被证实，两人被带出监狱。

玛丽·里德的故事中到底有多少是真实的，我们永远都不知道，但她是少数在黄金时代进入海盗世界的女海盗，并且证明了自己和身边的男海盗一样英勇善战。虽然她的海盗生涯很短，她抢到的财产不值得拼命去争夺，但她在历史中的地位是不可动摇的。她与棉布杰克和安妮·波尼的关系也是她的故事中最模糊不清却让人好奇的一个方面。

里德与著名的海盗船长“棉布杰克”莱克汉姆一同出海

就截获的船只数量而言，巴沙洛缪·罗伯茨是这一时期最成功的海盗，他总计截获了超过 400 艘船

巴沙洛缪·罗伯茨

战利品之王

“黑巴特”最初是犹豫的，但他后来打消疑虑，成为海盗，并且获得了黄金时代最大的一笔战利品

关于罗伯茨的早年经历，并没有清晰的记录。他于 1682 年出生于威尔士，名为约翰·罗伯茨，据说他从 13 岁就开始了海上生涯。然而，从这以后，连续 23 年都没有他的记录，直到 1718 年他才再次被载入历史，这时他已经成为一艘从巴巴多斯出发的单桅战船上的大副。

第二年，罗伯茨成为奴隶贩运船王子号上的三副，也就是那时的命运迫使他成为了海盗。王子号在黄金海岸停泊时被豪厄尔·戴维斯（Howell Davis）船长带领的海盗团伙袭击并截获。也许是因为罗伯茨和他一样是威尔士人，又或许豪厄尔在罗伯茨身上看到了巨大的潜能，他饶过了罗伯茨，并且让他加入了自己的海盗团伙。

罗伯茨很快就成为了戴维斯最亲近、最信赖的手下，而且据说这位船长一有机会就和罗伯茨说威尔士语，但仅限于与罗伯茨独处时，他不想其他船员听到。对于当海盗，不管罗伯茨曾经有什么疑虑，他似乎很快就克服了这些问题，为他突然到来的人生的新角色做好了准备。6 周后，戴维斯船长在尝试抓住普林西比岛总督的过程中被杀死，罗伯茨很快就接受了皇家浪者号船长的职位。出于对导师的敬重，罗伯茨脑中浮现的第一件事就是复仇：他和手下悄悄靠岸，杀掉了许多普林西比岛上的人，洗劫了此地，然后在暗夜中逃离。

决胜一瞬

虽然最初罗伯茨不愿意当海盗，但他赢得了抓住他的海盗船长的尊重与信任。当戴维斯在试图绑架普林西比总督过程中被杀害时，罗伯茨被架上了船长的职位：他的第一次行动就是为戴维斯的死报仇，之后才为自己建功立业。

1719年

在遇见改变命运的燕子号时，太多数船员都因为欢庆而喝得烂醉如泥

此后，他一直在西非海岸和美洲海岸活动，逐渐因为运气好、利润多而声名远扬。成功截获了许多船之后，他的地位得到了巩固，手下也更愿意跟随他了。和大多数海盗一样，他的海盗生涯相对较短，从1719到1722年他去世，仅持续了3年。然而，如果截获船只的总数就是衡量一个海盗有多成功的标准，那么罗伯茨无疑是最成功的那个。在当海盗的几年里，他截获了至少400艘船。尽管大多数赃物最后到了山缪·贝勒米手里，但是当海盗的收入无疑比一般水手要多得多，罗伯茨本人也从一个贫穷的水手变成了在海盗旗下敛财的海盗。

罗伯茨是一个娴熟的航海员，也是个出色的领导，他不是靠阴谋诡计来实现目标，而是通过一系列有勇有谋的行动成功获得了最大的一笔战利品。

罗伯茨和手下度过了灰心丧气的两个月，一直在巴西海岸搜寻潜在的猎物，但一直没有得手。然而，耐心的等待迎来了回报，一支由40艘船组成的西班牙船队出现在了巴西最大的海

决胜一瞬

攻陷圣家堂号

这名机智的船长快速潜入这支葡萄牙船队，找到了宝藏最多的那一条船，这是罗伯茨最冒险的一次胜利。在有人意识到发生了什么之前，他就已经发动了袭击，抢到了一大笔宝藏，但他失去了其中一部分以及一艘船，因为后来他的一个手下将这些卷走潜逃了。

1720年

虽然罗伯茨去世了，但属于他的黑巴特的名声从没有消亡，依然鼓动着许多人前往公海开始海盗的生活

湾万圣湾。这些船在等待护航舰护送它们安全返回里斯本，罗伯茨迅速抓住了这个机会。登上其中一艘小船后，他很快就从一个惊吓过度的大副口中套出了哪艘船上的财宝最多：圣家堂号。在有人拉警报之前，罗伯茨就已经袭击并攻陷了这艘船，赢得头筹。结果，这艘船上不仅有 4 万枚葡萄牙金币，还有为西班牙国王准备的昂贵珠宝。

美中不足的是：花掉其中一部分不义之财后，罗伯茨想着赚更大一笔，他和一些手下出发去追逐另一艘他们认为也相当有油水可捞的船。结果他们不仅没有成功，回来时还发现他离开期间掌管船只的手下肯尼迪，卷走了圣家堂号上剩下的财产，并连同一艘船逃走了。

吸取教训的罗伯茨带着重命名为“财富号”的船再度起航。据说就是从这次不幸的事件开始，罗伯茨创立了海盗守则，即他手下的海盗必须遵循的一系列规定。经过多年发展，不同船长有不同的守则，但罗伯茨的守则规定，船上的人不论男女，严禁用摇骰子或打牌方式赌钱；欺骗同伴会被流放，这无疑是来源于对肯尼迪背叛的愤怒；战斗时逃跑会被处以流放或死刑；打劫同伴也是不能被容忍的行为，触犯这条规定的人会被割掉鼻

决胜一瞬

截获海神号

截获这艘商船是罗伯茨最后的胜利，标志着他没落的开始。庆祝截获该船后，皇家财富号上的大多数船员都喝醉了，而英国船只燕子号和他们相遇。尽管他们大胆尝试逃脱，罗伯茨还是在一次舷侧攻击中被杀害。

1722年2月

子和耳朵，然后被扔到岸上，自生自灭。

罗伯茨的低谷并没有持续很久。很快纽芬兰便成为他下一个目的地。在那里，他截获了许多船只，据说还在没有人流血的情况下迫使整个特里佩西港向他投降。然后他前往加勒比海域，第二年他和手下的运气好得过分：他们的行动次数太密集，导致西印度群岛已经没有值钱的东西可抢，于是他们不得不转向西非去寻找更大的猎物。在几内亚海岸附近，他的皇家财富号被两艘法国船追踪。但是罗伯茨这次又走运了，这两艘船反而被罗伯茨拿下，其中一艘被他拿来当做储物船。

在他的海盗生涯中，他将好几艘船都命名为“财富”或其他带有这个词的名字，看起来这个无比幸运的海盗选对了名字。不过，罗伯茨的运气总有一天要用光。1722 年 2 月 9 日，罗伯茨和手下截获了海神号。由于头一天的狂欢，大多数人的状态都不好，很多人依然没有从醉酒中清醒过来。因此当燕子号出现时，他们没有充分的准备。几天前，燕子号截获了罗伯茨手下的漫游者号。罗伯茨又一次显示出他的胆识，他制定了一个大胆的逃跑计划，主要是向右航行，避免和燕子号会面。但事情并不如计划的那样进行，燕子号第二次对罗伯茨船的舷侧开火时，罗伯茨被杀死了——这个人人都以为战无不胜的著名海盗像很多人一样被砍死了。他曾要求如果这一天来临，要把他的尸体直接抛下船，而不是等着被人抓住。就这样，作为那个时代最有名的海盗，罗伯茨的海盗生涯走向了终点。

人人都知道勇猛的罗伯茨是个直言不讳的人。很多人曾尝试去模仿他，也有一些海盗曾经找他寻求帮助和建议，罗伯茨慷慨相助，这些事实也印证了他有多出名。黑巴特这个别名在今天使用和出现的次数较多，但当时并没有人用这个名字称呼他。

有四种海盗旗与罗伯茨有关，其中关系最大的一面是黑底上有白色骷髅以及白色海盗图案，海盗和骷髅共同举着一个沙漏。另一面上是一名海盗站在两个头骨上，下面的缩写透露出他对曾经采取措施制裁他的马提尼克和巴巴多斯的厌恶。在遇见决定命运的燕子号的那一天，他挂的旗帜上是一个骷髅和一个男人拿着一把燃烧的剑的图案，在某种意义上和当天的情形很相称。罗伯茨的名字流传至今，所有的流行文化都对这个名气极高的海盗感兴趣——这说明他的事迹没有因为他的死去而消失，而是依旧鲜活。

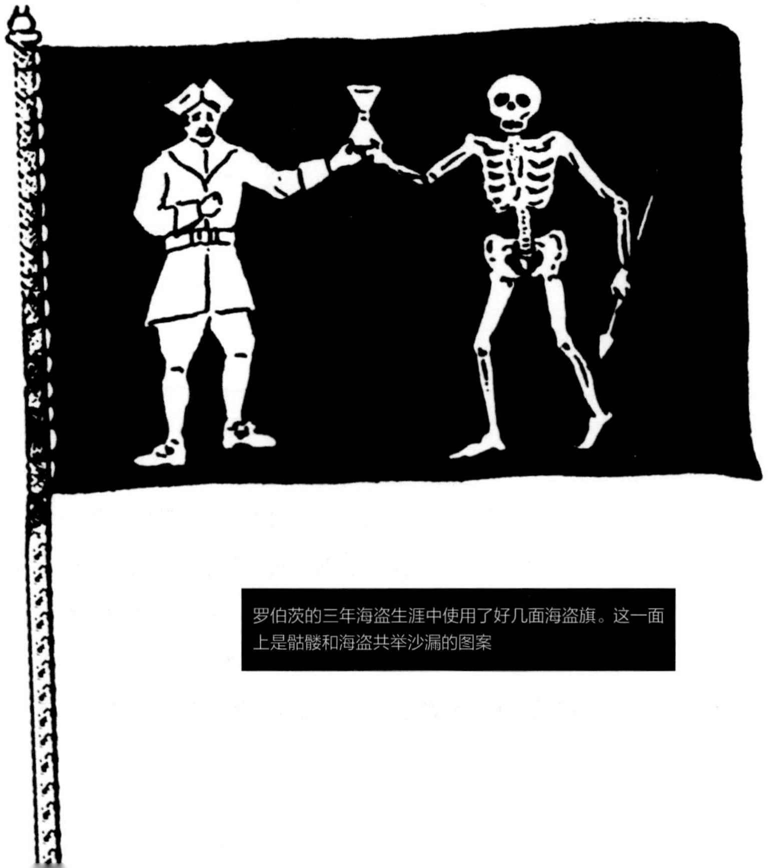

罗伯茨的三年海盗生涯中使用了好几面海盗旗。这一面上是骷髅和海盗共举沙漏的图案

罗伯茨是一个娴熟的航海员，也是个出色的领导，他不是靠阴谋诡计来实现目标。

威廉·弗莱

黄金时代的最后一个海盗

威廉·弗莱上绞刑架时，海盗的黄金时代也随他一同消逝了。

威廉·弗莱之所以著名，并不是因为他有什么壮举或独具一格的航海冒险经历，而是他的死标志着海盗黄金时代的结束。来自牙买加的他并不引人注目却野心十足。1726 年 5 月他开始出海，决心在海上发财致富。他起初是奴隶贩运船伊丽莎白号上的水手长，听命于船长詹姆斯·格林。格林是一个用恐惧和独裁统治手下的残酷之人，极尽压榨剥削之能事，而弗莱很快意识到在这样一个船长手下是不可能实现自己的梦想的。也许是人生中第一次，这个野心勃勃的小伙子发现从水手长到船长的路途太过漫长，而他决定转而成为一名海盗，视其为通向名利的捷径。

弗莱再也无法在格林的专制统治下保持沉默，他带领其他人发动了叛乱，在去往非洲的途中夺得了船的控制权。叛乱者们将格林船长拖到了甲板上。醉得失去意识的格林这时才恢复理智，求他们饶他一命，但手下对他的乞求充耳不闻，将他抛进了大海。很快，大副也被抛进了大海，和船长一同沉入海浪中。叛乱者把其他忠于船长的人全部关了起来，开始了闹哄哄的庆祝仪式。然后他们升起了海盗旗，将船重命名为名望复仇号，在新船长威廉·弗莱的命令下向着美洲出发了。

事实上，名望复仇号的服役时间较短，毕竟海盗称霸的时代马上就要终结了，在黄金时代最后的日子里，任何一艘新打造的海盗船都不太可能存在太久。在去往北卡罗来纳州的途中成功截获四艘船后，海盗们又袭击了第五艘，并强迫船上的人加入他们。其中一个船员威廉·阿特金森（William Atkinson），成为了日后让他们走向毁灭的原因。

阿特金森很快就发现弗莱的手下不喜欢接受他的命令。他们抢到的赃物很少，而新船长和他们之前推翻并淹死的老船长一样残酷无情。阿特金森耐心地等待着时机，一直到弗莱把

手下分配到名望复仇号和另一艘新截获的船上的时候，阿特金森悄悄放出了几名关在船上的囚犯，随后发出信号，囚犯们立即制服了弗莱和剩下的船员。

阿特金森的大胆计划成功了，他和 4 名被抓来的海盗共同控制了船，将其驶向波士顿。在审判过程中，弗莱并没有像斯蒂德·邦内特那样求饶，而是始终肯定自己的海盗身份。他在审判时的表现轻松得就像只是去公园里散了一会儿步，对审判或者最终的命运都没有一点兴趣。短暂的审判后，这名海盗被判死刑，被投入监狱，等待上绞刑架的那一天。

弗莱的海盗生涯从叛变开始

身处监狱的这段时间里，牧师科顿·马瑟探访了威廉·弗莱。当然，马瑟最出名的是起诉塞勒姆女巫案。他决定让弗莱忏悔，拯救他的灵魂。他针对4名海盗的邪恶行为对他们进行了说教，告诉他们要忏悔，寻求救助。其他3个海盗非常听从马瑟的训诫，希望能走上万能上帝的正道，而威廉·弗莱却对此无动于衷。

他听着马瑟滔滔不绝地痛斥他的所作所为，厌倦了由于杀害了格林和大副而受指责，他告诉马瑟他本人并没有动手杀那两人，而是其中一个海盗将他们丢进了大海，他只是站在一旁观看。马瑟告诉他，这样做和杀人没有什么不同，接着继续说教，这时弗莱愤怒了，开始怒骂威廉·阿特金森，他认为阿特金森背叛了自己的信任。他一心想要向阿特金森复仇，尽管他自己也明白他活不到复仇的那一天。

面对马瑟的布道，只有弗莱一人拒绝被打动。在他的手下极力想要逃脱永世的诅咒时，这名曾经的海盗船长还在孜孜不倦地与马瑟争论，导致马瑟放弃了拯救威廉·弗莱的灵魂的想法。

行刑的那一天到来时，弗莱像一个名门望族那样闲庭信步地穿过人群，向那些观看他被处刑的人招手示意。他面带微笑，昂首阔步，到达绞刑架时，他一跃而上，活像个杂耍演员。他仔细检查了即将吊死自己的套索，还说套索的质量不好。他小心地重新把套索打成他喜欢的样子，然后将它套在了自己的脖子上。

当他的手下谦卑地忏悔，告诉围

到达绞刑架时，他一跃而上。

观群众要遵循正义和法律时，弗莱却在一旁饶有兴趣地观看。他不感到遗憾，也没有忏悔，而是告诫群众中的航海者们要尊重手下，因为这群手下才是真正发动反叛、实施海盗行为的人。最后，他终于指出，如果当时他没有对抗格林的独裁，他现在依然是几个月前那个忠实守法的水手。

弗莱于 1726 年 7 月 12 日被处以绞刑，直到最后一刻依然没有忏悔之心。他的尸体被留在绞刑架上以警示众人。他的死也预示着海盗的黄金时代终于咽下了最后一口气。

决胜一瞬

拒绝忏悔

弗莱拒绝忏悔的表现以及他的遗言表明他并非只有野心，他也有自己的道德准则。直到最后一刻他都认为自己不是造成这段命运的罪魁祸首，而且警告那些有权力的人要善待那些地位不如他们的人，不然对方就会在走投无路的情况下奋起反抗。

1726年7月12日

弗莱在他所在的第一艘船上发动了叛变，将惹人厌的船长丢下了海

弗莱和一些手下被处死后，剩下的人被带到了波士顿的尼克西斯梅特接受绞刑

奥利维·莱维塞尔

秃鹰

这个海盗是如何在死后留下他价值两百万美元的赃物的线索的？

看见海盗这个词，你脑海中第一个出现的是什么？木质义肢、眼罩和手上的钩子是电影中海盗的经典形象，但实际上海盗却没有这么异想天开。不过，可怕的著名海盗奥利维·莱维塞尔眼睛受过伤，因此他戴着眼罩，在这之前他几乎没想过要和海盗扯上什么关系。更传奇的是，在1730年被逮捕并处以死刑之前，他截获了海盗史上最大的一笔宝藏。如果这个场景要拍成电影的话，莱维塞尔应该是勇敢地逃脱，大摇大摆地登上他的船，消失在夕阳中，为下一次的冒险做准备。然而，莱维塞尔并没有这么幸运。但这并不意味着他的真实故事不如小说描绘得那么奇异。

莱维塞尔别名叫“La Buse”或者“La Bouche”，法语里这两个词分别为“秃鹰”和“枪炮口”之意，因为他在袭击敌人的时候速度飞快、冷酷无情。莱维塞尔一生中大部分时间都在从事违法犯罪活动。然而实际上，良好的出身让他最初开创了一番比较体面的航海事业。他出生于九年战争[1]（1688-1697）期间，来自法国加来一个富裕的小资家庭，他接受了良好的教育，几年后成为了一名海军军官。

在西班牙王位继承战争期间，莱维塞尔的一只眼睛上留下了伤疤，也获得了路易十四国王的私掠许可证。这张私掠许可证意味着他被授权袭击与截获敌船，再将他们带到海事法庭定罪并出售其货物，所以他成为了国王手下的私掠船船长。但是当战争结束，莱维塞尔应该带着他的船回家时，他却认为这不是他想要的生活。相反，他于1716年加入了臭名昭著的飞天帮，和帮内成员山姆·贝勒米以及后来成为黑胡子的爱德华·蒂奇等人成为了朋友。

一年的海上劫掠结束后，这个团伙解散了（与霍尼戈尔德成为海盗猎人有关），但莱维塞尔的海盗生涯并没有结束。1719年，他决定去西非海岸碰碰运气，与英国海盗豪厄尔·戴维斯、托马斯·考克林（Thomas Cocklyn）及他们的手下结为同伴。

① 又称“大同盟战争”，法国国王路易十四意欲在欧洲大规模扩张，但遭到荷兰、神圣罗马帝国哈布斯堡王朝、英国、西班牙等国组成的大同盟联合对抗。——译者注

☠ 决胜一瞬 ☠

职业转变

莱维塞尔在西班牙王位继承战争期间曾作为法国海军军官参与战斗，而后来他却做出了令人意想不到的决定，他加入了本杰明·霍尼戈尔德的飞天帮，成为了一名海盗。他很快就因为袭击敌人时迅速又残酷的作风而得到“秃鹰”（La Buse）的名号。

1716年

在法国留尼旺的圣保罗能看到莱维塞尔的墓碑

贝锡·罗斯本（Basil Rathbone）在电影《铁血船长》（Captain Blood）中饰演以莱维塞尔为原型的埃罗尔·弗林一角

这 3 名海盗的行动时间不长，但收获颇丰，最大的胜利就是袭击了维达的奴隶贩运船港口。维达是一座位于贝宁共和国的沿海城市，他们在塞拉利昂河入口处截获了奴隶贩运船鸟廊号，这让他们非常兴奋，一连庆祝了一个月才释放了当时已受尽殴打、身中枪伤的船长威廉·斯内尔格雷夫（William Snelgrave）。经历这次折磨后，斯内尔格雷夫在文章中谈道，豪厄尔曾说，“他们选择当海盗的理由是向卑鄙的商人和残暴的船长复仇”。

与飞天帮那些人的结局一样，莱维塞尔、豪厄尔和考克林的同伙关系最终结束，不过这次是因为醉酒后的争吵导致三人闹翻。独自出海不久后，莱维塞尔的船在莫桑比克海峡失事，在昂儒昂（Anjouan）岛搁浅。就在这时他曾经受伤的眼睛已经完全失明，他开始戴上了那标志性的眼罩。

对于他是如何离开昂儒昂岛的，我们知之甚少，但这以后莱维塞尔的运气又好了起来。传说中，这个法国人开始在马达加斯加沿海的圣玛丽岛修建海盗堡垒。从 1720 年开始，莱维塞尔开始以圣玛丽岛为据点，和当地的一帮新的海盗同伙一起实行抢劫，他们是约翰·泰勒和爱德华·英格兰。

这三人和手下一共有三艘船，掌管着 750 人，成功洗劫了拉克沙群岛，将赃物卖给荷兰商人，换取了 75000 英镑的巨款。但不久后这个组合再次解散，这次是英格兰被排除在外。莱维塞尔和泰勒厌倦了他总是善待俘虏，所以决定将他流放到毛里求斯岛上，想给他一个教训。

正是和泰勒合作的这段时期，莱维塞尔完成了海盗史上最成功的一次行动，抢到了所有海盗梦寐以求的巨额赃物。1721 年 4 月，这两人计划抢劫一艘名为“Nossa Senhora do Cabo”（意为“海角圣母”）的西班牙大型帆船，这艘船载满属于果阿主教和葡萄牙总督的黄金和

决胜一瞬

巨额赃物

莱维塞尔和他的同伙约翰·泰勒海盗生涯中的最高点就是袭击了西班牙大帆船海角圣母号，这艘船运载着果阿主教和西班牙总督的财宝。莱维塞尔、泰勒以及他们的手下带着在当今世界价值 20 亿美元的巨额财产逃走了。

1721年4月

约翰·克鲁斯－威尔金斯的父亲从1947年开始搜索秃鹰拉布斯埋藏的财宝，约翰仍在继续父亲的寻宝行动

珍稀宝石，这两人当时也在船上，准备返回里斯本。看起来要攻陷这艘船并非易事，它装有74个炮门，而莱维塞尔的船只有26门炮。

这一次，幸运降临于海盗。海角圣母号在一场风暴中受到损伤，船员不得不卸下74门炮，将它们放在沙堤上进行修理。没有比这更好的时机了，莱维塞尔和手下抢到的赃物数目大到不可思议，每个船员都分得了5万英镑和足足42枚钻石。据说这些偷来的宝藏在今天价值可达20亿美元以上。

莱维塞尔完成了他的海盗生涯中最大、最难忘的冒险后，决定好好休息一下，于是秘密地在舌赛尔群岛定居，打算开始挥霍他的钱财。但和大多数海盗一样，他的下场并不好：这种危险而又违法的生活最终让他受到了惩罚。1730年，他在马达加斯加多凡堡附近被逮捕，并于同年7月7日因从事海盗活动被处以绞刑。

但莱维塞尔的故事并没有到此为止。在他即将被一根绳索夺去性命的那一刻，他在绞刑架上向围观群众抛出了一个小盒子，里面装着一个密码，他大声喊道："懂得密码的人就能找到我的宝藏！"这成了他的临终遗言。

这件事发生后，不管是海盗还是其他人，很多人都尝试过破解密码去找到宝藏。有些人甚至声称已经获得一部分成功了，但并没有证据表明他的黄金和宝石已经被人发现。然而，有几个人离成功已经很近了。

传说在20世纪20年代，一个叫罗斯·萨维的女人在马埃岛博瓦隆附近的贝隆布尔海滩发现了一些神秘的雕刻，

决胜一瞬

故事继续

莱维塞尔的生命终止于1730年的处决，但他留下的"遗产"仍然影响着世人。受刑前他将一张写有密码的纸扔给了围观群众，用这种方式继续让人们绞尽脑汁。有好几名海盗声称已经发现了他的财宝，但并没有证据证明这些豪言壮语是否真实。

1730年7月7日

他们截获了奴隶贩运船鸟廊号，非常兴奋，一连庆祝了一个月。

当时海水正处于低潮期。雕刻上有狗、蛇、海龟、马、苍蝇、心脏、锁眼、眼睛、投票箱、长着男人头的女性身体的图案，经过一番审查后，一名来自塞舌尔首都维多利亚的公证人通过查阅文件得出总结：这些图案是海盗刻出来的。

萨维还碰巧看到过一个名叫博纳丹·纳希翁·莱斯唐（Bernardin Nageon de L' Estang）的人的遗言，这名海盗死于莱维塞尔去世的70年后，他声称已经拿到了一部分埋藏的宝藏。他给外甥留的遗言如下："我在船失事的时候丢失了大部分文件。我已经拿到了一些宝藏，但还剩下四份。只要有了密码锁的钥匙和其他文件，你就会找到它们。"这份遗言中还包含了莱维塞尔留下的原版密码，萨维带着这份密码去肯尼亚以及巴黎国家图书馆确认过，

雷金纳德·克鲁斯－威尔金斯在贝降布尔的家附近首次发现几块石头上留下的海盗的印记

的确出自莱维塞尔之手。

1947 年，萨维的邻居雷金纳德·克鲁斯－威尔金斯（Reginald Cruise-Wilkins）意欲破解密码，发现密码与黄道十二宫、《所罗门之钥》[1]和“赫拉克勒斯的十二试炼[2]”有关联。他认为要找到宝藏，必须按照严密的顺序进行一系列活动，而宝藏库就埋在某处的地底。克鲁斯－威尔金斯最终死于 1977 年，他的儿子约翰是一名历史教师，他拿出部分精力继续父亲未完成的探索。但目前他的研究还没有任何成果。

终其一生，莱维塞尔真正渴望的并不是通过当海盗获得的那些财宝。他所做的一切都是为了好玩。他留下密码也是如此：人们仍然想方设法破解密码，找到它背后的宝藏，这就确保了他在死后很多年，还可以一直和活着的人玩游戏，尽管他不能亲眼看到他们。

① 一本疑似由一群中世纪炼金术士写成的魔法书。——译者注
② 希腊神话故事，赫拉克勒斯是宙斯与阿尔克墨涅所生的儿子，在十二年间完成了十二件英勇事迹。——译者注

奥利维·莱维塞尔给人们留下一纸有待破解的密码

加勒比地区的海盗

他们是海上的寻宝猎人，还是无法无天的罪犯？在这一章中你会见到在 18 世纪主宰加勒比海的海盗们，一起去探索他们的巢穴……

他抢到了18公斤的金粉、大量白兰地和象牙，以及船上的14个人，充实了他的队伍。

现在，只要一想到加勒比，我们的脑海中会浮现黄金沙滩和碧海蓝天。然而，如果你在18世纪初航行在加勒比海上，长途跋涉跨越大西洋，你不会感到抚慰和宁静，反而会看到一片被海盗所主宰的没有政府监管的荒蛮之地。

和文艺作品的想象中的那种古怪的、整天都在冒险和寻找财宝的无赖形象大不相同，真实的海盗是暴力的罪犯，他们的单桅战船经常在浅水处活动，洗劫一切他们能靠近的东西，在大西洋沿岸甚至更远的国土造成破坏。

海盗起初是站在国家政府一边的。虽然海盗行为本身是违法的，但在英国政府可以向海盗发放私掠许可证，因此这种国家资助的攻击敌国船只的行为得以合法化。这让从前担任海军军官和商船水手的人有权利去抢劫运载着染料、烟草和糖等贵重货物的敌国船只。这些私掠者经常把目标对准西班牙船只，因为他们控制着南美洲和加勒比海域的大部分地区。英国也想从中分一杯羹，17世纪20年代，托马斯·华纳在圣基茨岛定居，不久后又占领了附近的尼维斯岛。

伦敦码头区博物馆（Museum of the London Dockland）的“伦敦，糖与奴隶制”展览凸显了殖民化极具利润的本质，以及它如何启动了英国工业革命。加勒比海岛屿资源丰富，开采时机已经成熟，那些不愿意与当地加勒比或阿拉瓦克部落的人在荒岛上进行血腥斗争的人只能从西班牙和法国的船只上抢夺货物。该展览还包括原始的私掠许可证以及用于在沃品周边地区展出被行刑的海盗尸体的绞刑架。格林威治国家海事博物馆也展示了17世纪英国海军文化是如何鼓励人们从事私掠活动的。

在这一时期，托尔图加岛，也就是现在的海地，成为了事实上的海盗之都或海盗巢穴。自称海上罗宾汉的亨利·摩根与一些地位崇高的人，例如尼维斯的第一位总督安东尼·希尔顿船长，成立了海岸兄弟会，这些布加尼埃海盗针对贸易路线以及大型船只发动袭击，获得了巨大成功。

爱德华·蒂奇被砍下的头颅被挂在了船首

Lettre de Marque

私掠许可证，授予私掠者袭击并抢劫敌船的权利

《1718年抓捕海盗黑胡子》，让·里昂·杰罗姆·费里斯作于1920年

今天，加勒比海是一个宁静的度假胜地，
但它的过往却充满血腥

然而，局面很快失去了控制。实行自治的布加尼埃海盗很快便开始掠夺任何他们能够得到的东西，对可能造成的外交上的问题不管不顾。

有两名海盗让海盗的黄金时代走向了尾声，他们分别是亨利·埃弗里和威廉·基德。埃弗里是查理二世国王的水手。当船员发生叛变时，埃弗里被选为新船长，并开始了一次海盗探险，他首先到了非洲海岸的葡萄牙普林西比岛，在那里他捕获了他的第一批船只，抢到了一些金粉、白兰地和象牙，然后又前往红海攻击离开麦加返回莫卧儿帝国的船只。埃弗里袭击了甘吉沙瓦号，这一次他获得了23000至27000公斤的黄金和白银。莫卧儿王朝对此十分不满，英国人才意识到他们不得不采取行动，不然就有可能失去与亚洲的重要贸易。

埃弗里和他的团队来到了丹麦控制的维京群岛的圣托马斯，也许又去了巴哈马，然后回家。今天在圣托马斯，你可以参观斯凯茨堡塔，它也被称为黑胡子的城堡。这是一座于1679年建立的瞭望台，目的是让丹麦人警惕海盗，但传说它后来被黑胡子使用。在塔顶你可以看到圣克鲁斯和波多黎各。还有一座类似的塔楼——蓝胡子城堡——现在是向客人开放的豪华度假胜地。

然而，这些瞭望台并没有阻止埃弗里。当他的手下回到英国时，他们被逮捕了，接受审判并在沃品被绞死，这是一个常见的处决海盗的办法。这里的处决台，已经使用了400多年。但埃弗里还是逃脱了。有的故事里说，他搬到了爱尔兰，有的说他回到了普利茅斯，还有的说他回到了圣托马斯。

媒体很喜欢这类普通人在公海上发财致富的故事。

亨利·摩根是17世纪的著名威尔士海盗

迄今为止，他的命运仍然未知。

这起事件让政府意识到允许私掠行为的风险，他们本希望埃弗里手下的人接受审判是带有展示性质的，起到杀鸡儆猴的效果。然而，媒体却很喜欢这类普通人在公海上发财致富、在异域探险、摆脱正义的束缚的故事。

几年之后，另一位私掠船船长威廉·基德成为了海盗，他的事迹又一次征服了公众的想象力，并开启了所谓的黄金时代。

基德于 1696 年携私掠许可证从伦敦出发，随时准备对海盗进行攻击并重新夺回他们偷走的赃物。国王威廉三世可从这些赃物中获得 10% 的利润。但事情并不如计划的那样顺利……

17 世纪末，许多海盗在一条著名的航线上行动，此航线被称为海盗航线。海盗们横渡大西洋，在好望角附近航行，然后停在马达加斯加或圣玛丽岛。他们在这里集合并补充物资，再去往非洲海岸，朝红海前进，最终到达印度，那里有很多莫卧儿王朝的船。塔那那利佛的海盗博物馆展示出为什么马达加斯加是完美的藏身之所。当英国人开始重申他们对拿骚的所有权时，传说海盗在这里形成了另一个名为“自由国度”（Libertaria）的共和国，尽管这从未得到证实。

基德很快就引起了怀疑，因为他进一步向北行驶，经过马达加斯加并前往科摩罗群岛时被海军船只发现了。海盗猎人自己也成为了海盗。

有人说基德成为海盗不一定是自愿的：他的船员有三分之一都死于霍乱，所有替换上来的新船员原本就是海盗。在海上一连失意了好几个月后，基德追随埃弗里的脚步，直接驶向红海，在那里他劫持了富有的维达号商

海盗船长亨利·埃弗里截获莫卧儿王朝的大型船只

克里克海滩位于马达加斯加附近的圣玛丽岛

这幅画呈现了海盗袭击英国海军战舰的情形

基德船长在纽约欢迎女性上船参观的情景

船，然后到了马达加斯加，最后才回到加勒比海域相对安全的地方。

基德在安圭拉岛时，听到英国政府宣布他为海盗并对他发布了逮捕令的消息。莫卧儿王朝威胁要切断与东印度公司的贸易往来，这会直接导致公司破产。基德在美洲被逮捕，送回老家接受审判，被定罪并最终受到绞刑。

基德被审判并处死，并没有阻挡越来越多的私掠者和水手成为海盗。实际上，还起了反作用。多家报纸的报道让基德成了名人，他的审判记录销售一空，且有传言称埃弗里逃向了加勒比海域，基德的宝藏藏身之地。

私掠者们很快在巴哈马的拿骚聚集起来，并遵守他们自己的海盗守则。到 1716 年，该地海盗的数量远远超过了居民数量，比例达到 10∶1。有人说这里成了海盗共和国，也有人指责说拿骚成了一个失控的城市。

如果你是拿骚的居民，你绝对不会说这是一个治理良好的乌托邦。据记载，海盗肆意抢劫，烧毁百姓的房屋，甚至会强奸妇女。海盗中扮演领导角色的是本杰明·霍尼戈尔德船长，他也曾是一名私掠者。可是，当霍尼戈尔德拒绝袭击英国船只时，他被手

威廉三世在位期间，《1698 年海盗法》生效

到 1716 年，拿骚的海盗的数量远远超过了居民数量，比例达到 10:1。有人说这里成了海盗共和国。

下推翻了。海盗们推翻他的理由是当时进出加勒比海域、运载财货最多的船只中大多都是英国的，因为英国已经成为加勒比地区的主宰势力。

确实，一旦开始抢劫英国船只，拿骚的海盗们抢到的赃物可以占到在其他地方抢到的赃物总数的 70%。18 世纪初，所有的海盗大人物都在拿骚集合，所以拿骚博物馆的海盗展览相当值得一看。拿骚重建了一个和拿骚码头区一样大小的码头区模型，还有专门展出海盗旗复制品的展厅，有黄金时代的海盗掳来的无价之宝，以及关于伍兹 · 罗杰斯、霍尼戈尔德和女海盗安妮 · 波尼及玛丽 · 里德的展览。如果你来到拿骚，也可以到海边往弗罗里达的方向看看，海盗经常藏匿在那里的浅海。坦帕湾历史馆里有许多从弗罗里达海岸打捞上来的稀有工艺品。例如，这里展出了一艘 60 英尺长的单桅战船复制品，展馆里还有一个地图展区，展示的都是最早的新大陆和加勒比海域的地图。

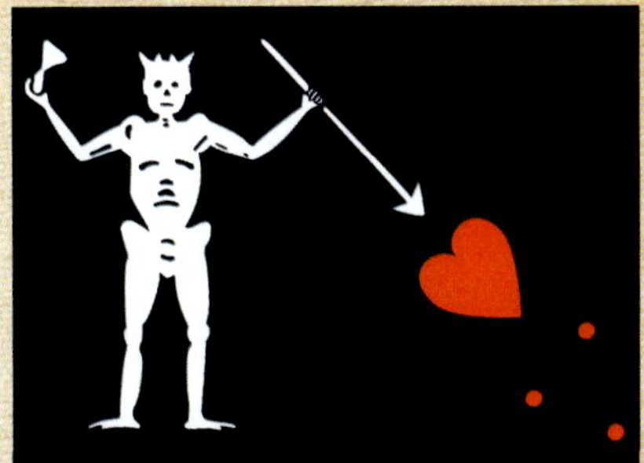

黑胡子的黑色旗帜体现出他邪恶、残酷的形象。一具白色的骷髅一只手拿着一个沙漏，表示你在人间活着的时间已经进入倒数，另一只手拿着一枚箭，指向一颗滴血的心脏

19 世纪晚期的拿骚港

海盗在夜色中登上一艘西班牙船只。摘自查尔斯·约翰逊所著的《海盗通史》

爱德华·蒂奇，人们口中可怕的黑胡子

就在黄金时期，另一个最臭名昭著的海盗进入了人们的视野：黑胡子。我们并不确定他的真名，不过很多资料来源都称他为爱德华·蒂奇或这个名字的各种变体。我们不清楚黑胡子和霍尼戈尔德是否属于同一时代，是否因为勇气过人、粗鲁残暴、面目可憎而声名远播。他留着一脸脏兮兮的长胡子，他将其打成结，还会把点燃的火柴放在帽子底下。同时代的海盗兼传记作者查尔斯·约翰逊曾这样描写黑胡子："……总之这样一号人物，你怎么也想象不到除了地狱之火，还有什么比他看起来更可怕。"

至此，加勒比海地区已经失去了控制。英国人必须行动起来。政府委作前任私掠船船长、现任巴哈马总督伍兹·罗杰斯重建法律与秩序。然而，和每一个以拿骚为窝点的海盗搏斗是不可能完成任务的。所以某种妥协达成了。如果一名海盗愿意弃暗投明，为政府效力追捕海盗，他就可以获得特赦。霍尼戈尔德接受了特赦，同意前去捉拿他从前的犯罪同伙。

这幅插画上是基德船长埋葬《圣经》的画面，因为传说他认为自己的生活方式与《圣经》相悖，于是选择埋葬《圣经》

曾有一段时间，黑胡子也从北卡罗来纳总督那里获得了特赦，而且还在巴斯城定居下来。不过，好景不长，黑胡子很快又干回了老本行。

他的命运终结于奥克拉科克岛，当时弗吉尼亚总督派皇家海军中尉罗伯特·梅纳德前去逮捕他。1718 年 11 月 22 日，黑胡子船上的血腥战斗进行到紧要关头，梅纳德的一名手下砍掉了黑胡子的头，了结了这个臭名昭著的海盗的性命。北卡罗来纳也是了解黑胡子的最佳地点。如果要来北卡罗来纳旅游，建议做一个为期 4 天的旅行计划，包括参观海洋博物馆——里面展出了安妮女王复仇号上的一些工艺品、参观黑胡子在巴斯城的家，以及坐渡轮参观黑胡子最后一站的地点等。

海盗的生活并不逍遥，暴力和偷抢是他们工作的主要内容

黑胡子去世后，海盗时代开始衰落。没有了大本营，也没有了大人物之间的同盟互助，当海盗这件事不再那么有吸引力了。那些没有被捉住的海盗乘着船逃走，消失在天际，没有人再听说过他们的消息，只留下后世一代又一代的人对他们的异域生活产生无尽的想象。

基德的宝藏

最臭名昭著的海盗之一威廉·基德的一些宝藏已被潜水者发现

据说这名私掠船船长变成海盗后，累积了大量财富。但当他被逮捕时，这些不义之财就消失了。

在基德入狱期间，他曾写信给当时的下议院院长罗伯特·哈利爵士，想要通过提供他价值 100000 英镑（在今天约为 1050 万英镑）的赃物的埋藏地址来换取减刑，不幸的是他的请求被拒绝了。

所谓的基德－帕尔默图（Kidd–Palmer charts）是由一个叫休伯特·帕尔默（Hubert Palmer）的人在一个据称是基德的冒险帆船号上的柜子中发现的，据称这幅图指出宝藏埋在中国海域。

这幅图在 1957 年突然消失。大英博物馆曾表示，它的历史价值很大。而且大英博物馆很早以前就认定这幅图是真的。

其他被搜寻过的岛屿包括橡树岛、新斯科舍岛、越南大竹岛、安的列斯群岛中的博内尔岛。据说基德在加勒比海卸下了奎达商人号上的财产，他写给哈利的信中也提到宝藏藏在西印度群岛。

2015 年，潜水爱好者认为他们在马达加斯加海岸附近发现了冒险帆船号上的宝藏。然而，联合国否认了这一发现，指出他们找到的银块含有 95% 的铅，而且所谓的船只残骸也只是破碎的港口建筑。

威廉·基德和他藏起来的宝藏

安妮女王复仇号的残骸

黑胡子的船被发现后，我们对这个臭名昭著又神秘的海盗又多了一分了解

1996 年，黑胡子船上的大炮和物品在北卡罗来纳海岸被打捞出来，这艘船就此被发现了。

这艘船的前身是法国奴隶贩运船协和号，自 1710 年起航以来，它只完成了三次航海任务，它就因这件事为人所知的。

1717 年，该船从法国布列塔尼附近的南特起航，中途停留在非洲装载奴隶，在里马提尼克岛约 160 千米处遭到黑胡子的袭击。黑胡子一共有两艘船、150 名手下和 20 门大炮，而这艘船上已经有部分船员死去了，协和号船长皮埃尔·多赛特根本无法战胜他。于是这位船长向海盗投降，把船交给了海盗。

在贝基亚岛停泊下来后，黑胡子重新给船命名，将奴隶和一部分船员转移到了船外。

乘着新命名的安妮女王复仇号，黑胡子在圣文森特、圣卢西亚、尼维斯、安提瓜和伊斯帕尼奥拉等岛屿附近攻击船只。在南卡罗来纳，他和手下封锁了查尔斯顿港口，持续时间长达一个星期。

当黑胡子前往北卡罗来纳的博福特海峡时，安妮女王复仇号的寿命也走到了尽头，因为它在这里的浅水区触礁了。